CONVERSACIONES PODEROSAS

EL LÍDER-COACH, EL MÁNAGER DEL SIGLO XXI

8 CASOS REALES DE EMPRESA

ÁNGEL MARTÍNEZ MARCOS

CHRISTOPHER J. METCALFE

KOLIMA BOOKS

Categoría: Crecimiento personal
Colección: Autoayuda, coaching, mindfulness y psicología

Título original: Conversaciones poderosas
El líder coach, el mánager del siglo XXI

Primera edición: Febrero 2020
© 2020 Editorial Kolima, Madrid
www.editorialkolima.com

Autores: Ángel Martínez Marcos y Christopher Metcalfe
Dirección editorial: Marta Prieto Asirón
Maquetación de cubierta: Sergio Santos Palmero
Maquetación: Carolina Hernández Alarcón

ISBN: 978-84-17566-97-5

ÍNDICE

PRÓLOGO

Desde que Christopher y yo empezamos a trabajar en el mundo del *coaching* y la formación en habilidades en la empresa, hemos enseñado innumerables técnicas para dirigir equipos y hemos escuchado miles de casos de desafíos por parte de los jefes de equipo o de los directivos con la única intención de tener equipos motivados y con alta productividad.

En muchas sesiones de *coaching*, algunos de nuestros clientes nos han pedido lecturas para poder profundizar más en esta gran habilidad que todo profesional debe ir desarrollando. Sin embargo, había un obstáculo. Y es que, si nunca has visto un partido de tenis es muy difícil que puedas tener una idea de lo que significa ese juego simplemente por leerte unos libros o escuchar una charla magistral de un número uno.

Para tener un aprendizaje completo y más rápido de lo que significa el liderazgo, es importante que la persona haya visto casos reales de dificultades en empresa. De hecho, esto es lo que se consigue a través de años de experiencia.

Debido a esta necesidad y con la intención de aumentar la calidad directiva en la dirección de equipos, decidimos plasmar casos reales que hemos escuchado en nuestras sesiones de *coaching* en un libro, para que jefes de equipo, directivos y personas de alto potencial que en un futuro dirigirán personas puedan tener una guía de cómo poder solucionar casos habituales en el día a día del trabajo.

El libro consta de ocho capítulos con ocho temáticas diferentes: resistencia al cambio, gestión emocional, autoconfianza, delegación, asertividad, reuniones efectivas, conflictos departamentales y gestión del estrés. Todos ellos son desafíos comunes en la mayoría de las empresas. Y aunque tanto a las personas como a las compañías nos gusta ser diferentes, la verdad, y siendo totalmente sinceros, es que los problemas se repiten una y otra vez de igual forma en Europa, Latinoamérica, Norteamérica, Asia y en el resto del mundo. Aunque es cierto que cada empresa, cada cultura y cada persona es diferente, el ser humano tiene características comunes que hacen que respondamos de forma similar a determinados estímulos.

Evidentemente este libro no consiste en dar una receta para solucionar cada uno de estos problemas de manera simple. Es nuestra visión en cuanto a comunicación, liderazgo, trabajo en equipo, inteligencia emocional, estrés y productividad como expertos en la materia.

Si sientes la necesidad de tener un apoyo en tu crecimiento profesional en el campo de las habilidades a la hora de dirigir equipos, sin duda tienes delante de ti un recurso imprescindible y que te ayudará en momentos puntuales de tu carrera como gestor de equipos, así como a tener una visión general de problemáticas que quizás hayas tenido en tu trabajo.

Lo más importante para nosotros de cara a la dirección de equipos es poder disfrutar de un equipo de alto rendimiento, al cual no se llega de la noche a la mañana y mucho menos nos lo da hecho el departamento de Recursos Humanos aunque funcione al máximo de su potencial, sino que nos lo tenemos que trabajar hasta conseguir una «maquinaria» perfectamente engrasada.

Esa es la clave para tener un equipo motivado, responsable, entregado y, como consecuencia, con alto rendimiento.

Ángel Martínez Marcos
Coach ejecutivo y formador de habilidades directivas

INTRODUCCIÓN

Los diálogos que se exponen a continuación son casos reales de sesiones de *coaching* ejecutivo llevadas a cabo en empresas de diferentes sectores.

Casi todas las conversaciones están acortadas y hemos extraído lo más relevante concentrándolo para que sea un libro ameno.

Tanto los nombres propios de las personas como los de las empresas han sido cambiados para poder mantener la absoluta confidencialidad.

El libro consta de ocho capítulos con ocho casos reales. Cada capítulo contiene:

1. Un caso con diálogos de las conversaciones de las personas implicadas
2. Teoría sobre los aspectos principales del capítulo
3. Comentarios de un *coach* experto sobre el caso, analizando todo lo que ocurre, tanto a nivel de forma como de contenido
4. Unas breves recomendaciones finales

Cada capítulo es independiente y puede ser leído sin necesidad de haber visto los anteriores, por lo que si lo deseas puedes ir directamente a la temática que más te interese en ese momento.

Recomendamos leer primero el diálogo completo hasta el final y en una segunda lectura ir parando cada vez que aparezca un número y saltar al comentario del *coach* de ese número respectivo.

Hemos usado el término *coach* o *líder-coach* para referirnos a la persona que está realizando una conversación de tipo *coaching,* y el término *coachee* para la persona que está recibiendo ese «entrenamiento».

1. RESISTENCIA AL CAMBIO

EL CASO

Fernando acaba de ser nombrado Director de Eficiencias y Sinergias en una reconocida compañía de refrescos. Anteriormente había sido el Jefe de Finanzas y todavía encabeza la gestión de las cuentas, pero desde ahora algunas personas de su equipo se dedican a identificar los procesos y los recursos para mejorarlos.

Parecía un ascenso natural en la compañía después de que la junta directiva decidiera por unanimidad la creación de una nueva posición para asegurar el uso eficiente de los recursos dentro de la empresa, desde la compra de materias primas, la fabricación y el transporte al mercado, hasta funciones más administrativas como el marketing, la publicidad, las finanzas y los Recursos Humanos.

Pese a que la medida fue votada, ha habido cierta resistencia a que un director profundice en otros departamentos, y Fernando, consciente de esto, ha decidido que tiene que hacerse valer en las reuniones iniciales.

Esta es la primera reunión con el director del departamento de Ventas y Marketing, Fran, que ha desempeñado este cargo durante los últimos doce años. Fernando ha escogido este departamento como un punto estratégico desde el cual tener una influencia positiva para empezar a movilizar el cambio.

Lugar: Casa de Fran
Hora: 23:30 h miércoles 2 de septiembre de 2019

Fran está tumbado leyendo en la cama con su esposa cuando de repente suelta un profundo suspiro y la observa mientras ella parece sumida en su lectura.

–¿De qué va ese libro, cariño? He visto a un par de mujeres en el trabajo leyéndolo –le pregunta con curiosidad.

–Se llama *50 sombras de Grey* –musita ella intentando concentrarse, ya que está en una parte buena del libro.

–Lo sé, puedo leer el título desde aquí. Pero ¿de qué trata?

–Trata de un maravilloooooooso hombre llamado Christian Grey que tiene todas las cualidades que una mujer quiere –suspira Marta mientras deja el libro en su regazo.

–Ah, bueno, a mí también me gustaría tener algunas de esas cualidades.

–¿Para mí o para impresionar a alguna otra jovencita? –comenta Marta levantando una ceja.

–No, nada de eso... En realidad sería feliz si pudiera tener las cualidades para enfrentarme a la pesadilla a la que voy a tener mañana por la mañana. (1)

–¿De qué se trata? ¿Es por tu nuevo trabajo? Creía que estabas emocionado por el cambio y que estabas deseando tener un nuevo desafío laboral.

–Bueno, estoy emocionado, pero me da la sensación de que nadie más está tan entusiasmado como yo en buscar dónde se pueden reducir los presupuestos, cambiar los procesos a unos económicamente más eficientes o cualquier otra cosa que les pida que hagan.

–¿Estarías igual de emocionado si fueses aún el responsable de Finanzas?

–Sí, tienes razón. Quiero decir que yo les entiendo, pero no sé cómo explicárselo para que lo vean de la misma manera que lo veo yo. Francamente creo que este trabajo podría generar una gran diferencia en la empresa.

–Bien, pero ¿una gran diferencia para quién, Fernando? ¿para los accionistas? ¿crees que otros directores y gerentes realmente se preocupan por ahorrar unos cuantos euros extra? Piensa en lo que necesitan. Ponte en sus zapatos y en dónde se encuentran sus necesidades.

–Sí, supongo que sí. Parece mucho más fácil cuando lo expones así.

–Estoy en la posición fácil. Tú tienes que llevarlo a cabo. Ahora a dormir un poco que lo necesitarás mañana.

–Sí, tienes razón, cariño –asiente Fernando cerrando los ojos y dejando caer el libro a un lado de la cama.

–Buenas noches, cariño. Por cierto, ese Christian Grey no tiene nada que ver con mi marido –dice Marta haciéndole un tierno guiño.

–Gracias, cielo. Dudo que él pudiera encontrar un tesoro tan valioso como tú. Buenas noches –apaga la lámpara y le da un beso en los labios.

....

Lugar: Casa de Fran
Hora: 04:05h jueves 3 de septiembre de 2019

–¿Qué estás haciendo? –Marta habla en voz baja, casi susurrando.

Sentado, al lado de la lámpara, Fernando está escribiendo notas en una libreta con mucho ímpetu.

–Me estoy poniendo en los zapatos de Fran. Tengo mi primera reunión con él. Estoy tratando de averiguar cuáles son sus necesidades y ver si encajan con lo que estoy haciendo y dónde le puedo ayudar.

–No te quedes hasta tarde. Buenas noches –le dice Marta.

Fernando sonríe y sigue escribiendo notas.

....

Reunión entre Fernando y Fran (mánager de Ventas y Marketing)
Lugar: Oficina de Fran
Hora: 16:03 h jueves 3 de septiembre de 2019

Fernando avanza con dudas hacia la oficina de Fran, tal y como hacen los adolescentes cuando entran en una casa embrujada en las películas de terror.

–¡Hola Fran! Gracias por recibirme; sé que esta época del año es de locos.

Y, como tratando de justificar la peor pesadilla de Fernando, los primeros comentarios de Fran son sarcásticos y están cargados de ironía.

–¡Qué rápido has llegado! –Fran decide parar un poco sus comentarios y no parecer un idiota–. Es broma, compañero, no te enfades. Supongo que es el estrés de este momento y, para ser honesto, tengo algunas dudas sobre de qué trata todo esto. No me gusta no tener ni idea de lo que está pasando. De todos modos te felicito por tu promoción.

–Gracias por la enhorabuena, Fran, y no te preocupes, no me he ofendido; siempre has sido un graciosillo. –Fernando hace un par de respiraciones profundas porque ve que todavía hay posibilidades de trabajar con él. (2a)

–Sí, bueno, a veces me meto en problemas cuando no tengo humor. Ahora las cosas han cambiado y veo que voy a tener que morderme la lengua, ¿no?

–Jajajá –Fernando logra sacarle una sonrisa intentando crear sintonía con Fran y mantener el mismo humor dentro de la sala–. Bueno, o eso o aprendemos a dar y a tomar. (2b)

–¿Seguro? Jajajá, y yo que pensaba que eras uno de esos frikis contables aburridos.

–Lo soy, pero también tengo mi lado oscuro. De todos modos, déjame centrarme en para lo que estoy aquí.

–Creo que ya sé para qué estás aquí –le interrumpe–. Los rumores corren como una bala. Quiero decir que sé que el título de tu nuevo cargo es director de Eficiencias y Sinergias, como dice el correo electrónico que circula por ahí, pero ¿qué coño es eso?

–Vamos, Fran no es como ese... –replica Fernando con los brazos abiertos de par en par, incrédulo.

–Lo siento; no quiero sonar como que te estoy atacando pero parece un cargo sin sentido –Fran se reclina en su silla–. Quiero decir que todos nosotros ya estamos haciendo ese trabajo dentro de cada uno de nuestros departamentos y sabemos qué y cómo hacerlo.

–De ninguna manera te estoy negando Fran. Tú eres el experto cuando se trata de ventas y marketing en esta empresa. Nadie puede poner en duda que... (3)

–Y luego Juanma decide presentarte a todos nosotros, los directores, por correo electrónico. Quiero decir, ¿qué es eso? Estamos en el mismo saco que el resto de empleados. Hay mucho chismorreo por ahí.

–Estoy de acuerdo contigo, Fran –asintiendo. (4a)

–Sí, estás de acuerdo, pero eso no soluciona nada, ¿verdad?

–Fue una mala manera de hacer las cosas, estoy contigo en eso. Hablaré con Juanma y veré cómo vamos a rectificar –murmura Fernando mientras garabatea una nota en su iPad. (4b)

—Creo que es un poco tarde...

—Sí, tienes razón; no va a arreglar lo que ya ha pasado, pero tal vez si hacemos las cosas bien de ahora en adelante será mejor para todos. (4c)

—Supongo que sí. Entonces, ¿de qué va todo esto Mr. eficiencia y sinergia?

—Bueno, veo que conoces bien mi título. Supongo que soy el encargado de buscar sinergias y eficiencias para que podamos hacer las cosas de una manera más eficaz tratando de promover cambios positivos y que así todo lo que hagamos sea más productivo.

—Si me preguntas, suena como que estás tratando de reducir los costes.

Fernando toma una respiración profunda y continúa:

—Eso también Fran, no te voy a mentir, pero si reducimos costes significará que habrá más dinero para otras cosas.

—Más dinero para el CEO y para los bolsillos de los accionistas, Fernando.

—Tal vez, ¿pero qué importa? Tú no estás en la peor de las situaciones, ¿no? Quiero decir que tenemos salarios decentes y otros beneficios.

—Sí, pero siempre estamos tratando de recortar nuestros presupuestos y luego van y crean tu puesto para recortar más.

—Mira, Fran, puedo ver hacia dónde quieres ir y también puedo aprender a mirar con ese nuevo prisma, pero también te digo que no voy a hacer felices a todos todo el tiempo. ¿Podrías al menos escucharme? (5)

—Sí, continúa entonces; soy todo oídos.

—¿Qué es lo que siempre has querido hacer en tu departamento y no has podido?

Fran se parte de risa ante lo que está escuchando.

–Mira, yo ya he renunciado a quimeras. Una vez estuve interesado en el desarrollo de mis ideas y en poder transformar el departamento, pero cuando no se tiene el apoyo desde arriba y desde abajo empiezas a perder todo el entusiasmo... En este momento lo estamos haciendo lo mejor que podemos con lo que tenemos en lugar de hablar de «un cambio positivo» contigo. (6)

–¿Y si dijera que estoy aquí para apoyarte? –dice Fran moviendo la cabeza. (7)

–¿Qué puedes hacer por mí, Fernando? Siempre es lo mismo. Sé que tienes esperanzas y quieres hablar de este rollo de «cambio positivo», pero va a volver a ser lo mismo que siempre ha sido. (8)

Fernando, ahora casi suplicando a Fran para que cambie su actitud:

–Dijiste que me ibas a escuchar, Fran. Solo estate conmigo y veamos si podemos llegar a algo que pueda funcionar. (9)

–Ok, vamos a por ello –suspira profundamente.

–Así que si pudieras tener el departamento de ventas y marketing que quisieras, ¿cómo te gustaría que fuese?

–Bueno, no sería como es ahora, eso seguro. (10)

–Bien, por algún lado hay que empezar. Antes parecía como si estuvieses en contra de cualquier cambio y querías quedarte tal y como estás y ahora acabas de admitir un cierto cambio respecto a lo que tienes actualmente. (11)

–Sí, me has entendido –dice Fran con un suspiro de resignación mientras se desploma en la silla...–. Continúa.

Fernando se empieza a entusiasmar porque las cosas parecen que se mueven poco a poco.

–Así que venga. ¿Cómo sería tu departamento ideal?

–Bueno, tú ganas. Me gustaría cambiar algo de nuestros representantes de ventas. No creo que las regiones geográficas actuales estén funcionando especialmente para los representantes, ya que la comunicación con nosotros aquí es escasa o nula.

»El que ningún representante de ventas viva en esta ciudad y que sean trabajadores con contratos temporales no funciona. Ellos no se sienten parte de nuestra cultura.

»Y la formación tiene que cambiar; no es suficientemente buena. No creo que nuestras habilidades para vender sean tan buenas como deberían ser, en parte porque el 60% de ellos no son empleados nuestros. Existe una gran diferencia entre los equipos de ventas y marketing.

»Tenemos excelentes profesionales en marketing pero no tanto en ventas. Esto también se refleja en el presupuesto. Quiero decir, es natural que marketing reciba una mayor porción del presupuesto para todas las actividades promocionales y servicios que tenemos que pagar, pero también parece que consumen todos los recursos, ya sea de tiempo, mano de obra, etc.

»Me gustaría ser capaz de crear una cultura más proactiva y de más alto nivel en nuestros representantes de ventas para que no parezcan un grupo de mormones llamando a las puertas de las casas. Me gustaría que existiera algún tipo de orgullo, pero tal y como está esto ahora entiendo que se sientan como los primos pobres.

—Es es una gran idea, ¿qué más? —comenta Fernando escribiendo notas en su iPad. (12 bis)

—Bien, basándome en eso, no estoy seguro de que todos los recursos que invertimos en publicidad estén siendo utilizados de manera inteligente. Tenemos una gran marca, pero otras compañías nos están superando en términos de marketing y acciones promocionales. De todos modos, creo que podríamos hacerlo mejor, pero como no tenemos tiempo para pensar en ello y ser creativos, siempre parecemos estar copiando las acciones de marketing de nuestros competidores y empleando métodos más tradicionales en lugar de ser pioneros nosotros mismos. Además, también podríamos usar más presupuesto.

–Genial, ¿qué más puedes añadir? –asiente Fernando enérgicamente. (12b)

–Supongo que algo parecido a lo que ocurre con nuestra publicidad es la comercialización y las actividades promocionales que desarrollamos. No parece que tengamos claro nuestro público objetivo y a veces nos vemos atrapados en promociones y patrocinios de eventos que no estoy seguro de que estén dando la mejor visibilidad de la marca. A veces, alguien conoce a alguien que tiene una empresa, una organización benéfica o un equipo deportivo en un torneo regional o nacional que necesita un poco de dinero y respaldo y vamos para allá a dárselo en la entrega de premios, pegar algunos carteles y algunos *banners,* o repartir golosinas en bolsas que llevan nuestro logo y además enviamos a un representante de la junta para entregar los premios. Todo esto está bien pero no puedo evitar preguntarme lo que estamos ganando con todo ello.

–¡Fantástico, Fran! ¿Hay algo más que puedas decirme? (12c)

–Ahora mismo no sé. Puede que se me ocurra algo más tarde.

–Eso estaría genial. Si no te importa, voy a volver sobre lo que has dicho solo para asegurarme de que lo he entendido correctamente. ¿Está bien? (13)

–Sí, claro. ¡Adelante!

–En primer lugar se te ocurrió una manera de reorganizar al equipo de ventas, insistiendo en la importancia que tiene la formación con la intención de crear una nueva cultura dentro de él y poder cerrar la brecha que los separa del equipo de marketing.

–Bueno, no es exactamente eso; es más un caso de limitarse a poner más recursos.

–Ok, perfecto –dice Fernando, anotando esta aclaración–; entonces, en segundo lugar, dentro de ese punto sugeriste que la formación necesitaba mejorar, ¿me equivoco?

–Sí, es correcto.

–Ok. El último punto que mencionaste se centraba en replantearnos si nuestra publicidad estaba bien dirigida y si podíamos invertir más tiempo en potenciar la creatividad.

–Y dinero.

–Ok, y dinero –repite Fernando, garabateando en sus notas.

–Mira, estoy hablando de dinero y da la sensación de que lo estás anotando, pero realmente no creo que, como el jefe de las eficiencias y la sinergia, me lo vayas a dar.

Fernando, un poco enfadado y pareciendo que fuera a retroceder después de tanto progreso, pregunta:

–¿Qué significa eficiencia, Fran?

–No sé, Fernando. ¿Es este otro de tus juegos?

–¿Ves que me esté riendo? Ahora no estoy jugando.

(14)

–Ok, ¡no me toques las pelotas! Eficiencia, como yo lo entiendo es conseguir los mismos resultados usando menos recursos ¿no? Y lo que quiero decir es que quieres que haga exactamente lo mismo que hasta ahora con menos presupuesto mientras tú te sientas allí anotando que yo quiero más dinero.

–Y, ¿qué entiendes por sinergia, Fran? Si la eficiencia es conseguir el mismo resultado con menos, ¿qué es sinergia? Porque yo también me dedico a eso.

–¿Sinergia es el viejo 1 + 1 = 3? Considero que es conseguir más partiendo de lo mismo, ¿no?

–Exacto. Se trata de conseguir más partiendo de lo que estamos haciendo, uniendo esfuerzos. Ten paciencia conmigo, Fran. Todo va a ir bien, confía en mí.

–Está bien, está bien, me has entendido.

–Entonces volvamos al punto donde estábamos. Representantes de ventas, formación, calidad, publicidad... Querías mayor creatividad y luego, por último, has comentado que no hay un plan claro en lo que patrocinamos ni en las acciones de marketing que desarrollamos.

–Sí, exactamente.

–Por lo tanto, y como no podemos resolver todos los problemas ahora, Fran, ¿cuál de estos es más importante para ti? O, si no es el más importante, ¿en cuál te gustaría centrarte? (15)

–¿Me estás tomando el pelo?

Desesperado y casi perdiendo los nervios, Fernando prosigue.

–No, no estoy bromeando; por favor, confía en mí.

–Ok, el tema de la publicidad. Siempre estamos peleando por más dinero, pero con eso surge la presión de realizar campañas que realmente funcionen, que lleguen al corazón del público objetivo. En las reuniones de la junta podrás comprobar el tipo de presión que recibo de las campañas.

–¿En qué se traduce eso? –le pregunta Fernando mirándole directamente a los ojos. (16)

–Estos chavales trabajan más duro que nadie. Al final del día estamos trabajando tanto que ni siquiera tenemos tiempo para levantar la vista y mirar hacia dónde estamos yendo. Es lo que dice el dicho: los árboles no nos dejan ver el bosque. (17)

–¿Quieres ver el bosque ahora? (18) Imagina que estás en un helicóptero por encima de este bosque de «publicidad», ¿qué querrías ver?

–Me estás vacilando, ¿no?

–De nuevo, Fran... ¿Ves que me ría? ¡Venga, inténtalo!

–Sí, te estás riendo de verdad –Fran inspira mientras se coloca en una posición de yoga para tratar de conectar con su interlocutor.

–Solo mira dónde nos está llevando esto.

–Vale, ya estoy montado en mi helicóptero sobrevolando por encima de la «publicidad» –dice en un tono sarcástico pero amable.

–Bien. ¿Qué ves?

–Nos veo a todos revoloteando como moscas, la verdad.

–Bien, y ¿cómo estáis todos revoloteando? (19)

–Bueno, algunos están revoloteando más rápido que otros, algunos más lentos, algunos en círculos. Por ejemplo, María Jesús es una buena chica pero siempre está moviéndose en círculos. No hay mucho orden.

–Muy bien, muy bien. Si le fueras a dar una puntuación de 0 a 10 a este equipo de publicidad y al trabajo que realizáis, ¿qué nota le darías?

–No sé, un cinco, tal vez. (20)

–¿Y dónde te gustaría que estuviese?

–Me gustaría estar trabajando con todos perfectamente, de una manera coordinada –responde muy serio.

–Genial, ¿y qué puntuación es esa para ti?

–Un ocho quizás. Nada es perfecto. Tal vez si llegáramos a un ocho podríamos tratar de alcanzar un nueve en un futuro.

–Entonces seamos realistas. ¿Qué puntuación quieres conseguir?

–Tal vez un siete. Estaría feliz con un siete. Nos quitaría presión. (21)

–¿Y qué presión es esa?

–Bueno, estoy mirando hacia abajo desde este maldito helicóptero que me has dado e imaginando un siete y todo parece mucho más tranquilizador, como si todo estuviera bajo control.

–Genial. ¿Qué diferencias encuentras en el tema de la publicidad ahí abajo cuando es un siete?

–Todo parece mucho más coordinado y además tenemos tiempo para trabajar. Me siento muy bien con todo esto.

–Excelente. ¿Estás feliz de estar con un siete?

–Sí, mucho.

–¿Qué tendría que cambiar para conseguir un siete en lugar del cinco que tienes actualmente?

–No sé, es una pregunta difícil. Tenemos que crear campañas rompedoras para liberar un poco de presión sobre nosotros. Tenemos que llegar a una campaña que supere a la competencia, algo creativo, algo que de qué hablar entre el público.

–¿Qué tiene que pasar para que se haga realidad, Fran?

–En primer lugar tenemos que desechar un montón de basura. No sé lo que estamos haciendo en este departamento desde hace mucho tiempo y tampoco veo al comité dando dinero para contratar asesores para ver lo que ocurre.

–Si esto ocurriera, si lanzaras una campaña increíble, ¿qué puntuación alcanzarías?

–Un nueve o un diez, incluso.

–Bien, entonces ahí es donde queremos llegar, pero primero queríamos un siete. Así que, ¿dónde tenemos que hacer cambios para conseguir un siete? (22)

–Supongo que para obtener un siete necesitamos tiempo para pensar más sobre nuestros proyectos, ser un poco más creativos, dirigirnos a nuestro público un poco mejor.

–¿Así que el tiempo es la respuesta? ¿Necesitas tiempo para hacer tu trabajo bien y obtener ese siete?

–¡Exacto! La gente no nos deja trabajar en paz. Si pudiéramos centrarnos en nuestro trabajo sería fantástico.

–¿Quién os desvía de vuestro camino?

–¿Quieres decir, personas como tú? –volviendo de nuevo al viejo sarcasmo.

–Sí, gracias Fran, pillo la ironía. Pero dime: ¿quién más se interpone en vuestro camino?

–El comité. Siempre nos están pidiendo que lo hagamos mejor y nos meten mucha presión.

–¿Qué razones hay para presionaros? ¿Cuáles piensas que son? (23)

–Supongo que no hemos tenido una campaña de éxito en los últimos dos o tres años. Les entiendo, pero ahora simplemente no los necesitamos.

–Ok, así que les entiendes.

–Sí pero tenemos que seguir con nuestro trabajo.

–¿Qué crees que les parece a ellos?

–Probablemente les parezca una carrera de ratas como me parece a mí.

–Pero no te parecía eso hace tres años. ¿Qué hizo que comenzara todo esto?

–Bueno, todo empezó cuando compramos esa compañía de agua hace 4 años. Nunca lo pude entender. Hace 20 años nadie estaba comprando agua en botellas pero ahora parece que cada persona y cada perro tienen una botella de agua. ¿Cómo se supone que voy a comercializar agua?

»Además, tenemos que tratar de mantenernos al lado de esos fanáticos «ambientalistas», que están empeñados en que el agua embotellada está dañando el medioambiente. Después, cuando sacamos las versiones *light*, querían todo comercializado por separado y eso nos daba más trabajo. Quiero decir, hemos tenido cada vez más cosas que hacer y aunque hemos aumentado el equipo, no hemos conseguido controlar todo esto como a mí me hubiese gustado.

–Me lo puedo imaginar. Da la sensación de que ha habido una gran cantidad de cambios en muy poco tiempo. (24)

–Claro que los ha habido y no hemos sido capaces de trabajar en todo ese cambio debido al día a día.

–Parece un lugar difícil para trabajar. Suena como que bastante habéis hecho manteniéndoos sanos y salvos y no haber estado de baja por enfermedad, por un ataque de nervios o algo así.

–Sí, es algo así.

–¿Entonces, Fran? Para llegar a ese 7 donde todo se ve coordinado ¿qué necesitas? ¿Es dinero o tiempo? (25)

–¡Aahh, ya era hora! –Fran dice mientras mira su reloj y después levanta la cabeza con una sonrisa de complicidad–. ¡Un poco de dinero extra no vendría mal!

–Jajajá –suelta Fernando riendo voz alta–. Veré lo que puedo hacer, pero vamos a ver lo que puedes hacer sin dinero extra.

–Bien, bien. Necesitamos más vendedores como tú en nuestro equipo.

–Estoy en tu equipo –expresa Fernando mirando otra vez directamente a los ojos de Fran. (26)

–Es tan difícil conseguir algo a largo plazo cuando ni siquiera podemos llegar a tiempo a las cosas a corto plazo...

–Sin embargo, no es que no tengas ideas. Acabas de dar cinco o seis ideas que harían que tu equipo funcionara mejor.

–Eso es lo que quiero decir; tengo las ideas pero no el tiempo necesario para llevarlas a cabo.

–Entonces, ¿cuándo empezamos? (27)

–No abandonas, ¿eh?

–No. ¿Por dónde vamos a empezar? ¿Cómo te puedo ayudar?

—Por favor, no lo sé.

—Antes de que dijeras que deseabas cambiar las estructuras de los representantes de ventas, también querías darles más formación para que la brecha entre Ventas y Marketing no fuese tan grande. También has comentado que querías potenciar el marketing y las acciones promocionales mediante una mayor definición del público objetivo, tener más tiempo y poder ser más selectivos con los eventos que patrocinamos.

—El problema de los eventos que patrocinamos es básicamente el mismo que el de marketing y las acciones promocionales. No deberíamos patrocinar ningún evento mientras nuestro público objetivo no estuviera bien definido.

—Entonces, ¿cuáles son las cuestiones clave? (28)

—Sin duda, la estructura del departamento de Ventas, y después seguir con la formación para conseguir inculcar una cultura empresarial. Luego están el marketing y las acciones promocionales, que incluyen el patrocinio, como te estaba diciendo. ¿Y qué más había dicho?

—Tiempo.

—Ah, sí. Bueno, si tuviera todo los demás, tal vez el tiempo se encargaría de sí mismo.

—Podría ser. ¿Qué te parece? ¿Tendrías un siete? (29)

—Sí, supongo que sí.

—Así que hay tres problemas que deseas abordar: la estructura del equipo de Ventas, la formación para crear la cultura del equipo y también el marketing y las acciones promocionales. ¿Cuál de ellos es más prioritario? (30)

—Tiene que ser la estructura, pero ¿la puedo modificar un poco?

—Por supuesto, ¿qué parte es la que quieres cambiar?

—Bueno, he hablado de los representantes de Ventas, pero eso incluye también al equipo de Marketing. Quiero decir que hay 17 personas en Marketing pero siempre nos hemos ocupado todos de todo. Eso es como un retroceso a los viejos tiempos, cuando todos nosotros negociábamos con todo lo que había y lo sacábamos adelante, y solo éramos 10 u 11 personas. Pero pudimos hacerlo manteniendo la concentración en lo que teníamos que hacer. Ahora creo que es imposible estar al tanto de lo que hacen los demás y mantenerse coordinado al mismo tiempo.

–Entonces, ¿qué harías?

–Creo que dividiría el departamento de Marketing en equipos –explica cogiendo dos post-its y colocándolos al lado en el escritorio–. Eso nos ayudaría con la definición de nuestro público objetivo y nos permitiría que las personas se centraran en el marketing de producto. Creo que serían más responsables con su tarea.

–Suena bien. Tienes razón. ¿Cómo los divides?

–La primera división la tengo clara: agua. –Libera un poco de espacio, arranca un post-it y lo pega en el escritorio, escribiendo «agua» en él–. Es diferente de los refrescos que vendemos y requiere una perspectiva muy distinta. Las otras divisiones no las tengo tan claras. –Arranca otro post-it y lo coloca a la derecha del otro. Escribe «agua» en ese también y coloca otros dos post-its en cada uno de los anteriores–. Quiero decir que podríamos separarlos en dos grupos: uno que tenga el sabor original y su versión *light* y el otro podría tener el gusto de limón y naranja y sus versiones *light* –escribe estos grupos en el primer grupo de tres post-its–. O podría separarlos en dos grupos: los de las bebidas «azucaradas» y las bebidas *light* –explica escribiendo en el segundo grupo.

–Pero, ¿dos grupos de cualquier forma para los refrescos? ¿No separarías la naranja y el limón?

–No –moviendo la cabeza–. Creo que no. Tal vez dentro de esa división podría separar algunos roles pero no separaría divisiones.

–Me gustan tus ideas –sonríe Fernando. (31)

–Sí, creo que funcionaría. Tendría que hacer algo en Marketing antes de comenzar con el equipo de Ventas. Una vez que los equipos de Marketing tuvieran sus roles definidos y sus ideas de mercado y de público objetivo claros, tal vez pudiera dar algo de formación al equipo de Ventas; así todos tendremos las ideas claras sobre lo que estamos tratando de alcanzar.

–¿Esto te va a ayudar?

–Creo que sí.

–¿Qué problemas podrías tener con este plan?

–Creo que podría haber cierta resistencia al cambio en un principio. Voy a tener que pensar cuidadosamente cómo crear las divisiones y con quién. Tengo que hacer las cosas bien desde el principio. Pero no es solo eso; voy a tener que saber cuáles son los próximos pasos antes de comenzar.

–¿Quieres mirar eso?

–Ahora no. Tengo bastante en lo que pensar. Voy a tener trabajo.

–Lo conseguiremos, Fran.

–Sí, creo que sí. Esto creo que va a funcionar.

–Estoy seguro de que sí. ¿Y dónde encajo yo en este tema? (32)

–¿Qué tal si nos reunimos el lunes? Voy darle una vuelta el fin de semana con mi mujer.

–Sí, las mujeres son estupendas para todo esto –exclama pensando en la noche anterior con su mujer–. ¿Cuándo te gustaría reunirte?

–Podría hacerlo justo después del almuerzo mientras nos tomamos un café.

–Sí, me parece muy bien.

–¡Eh! ¿Podrías apuntar estas tres áreas de las que estábamos hablando?

–¡Claro! Eran representantes de Ventas, formación para la cultura de equipo y Marketing y acciones promocionales, pero supongo que ahora son representantes de Marketing y Ventas, ¿verdad?

–Eso es, ¡gracias!

–Entonces, ¿qué vas a tener para el lunes? ¿Puedo hacer yo algo? (33)

–No, no; déjame echar un vistazo a esto. Una vez que lo haya pensado y tenga un plan sabremos mejor cómo nos puedes echar una mano. Creo que tengo que tener una idea clara de las divisiones en Marketing, una lista de personas de equipos y funciones y tener un poco de orden en cuanto a la forma de seguir adelante con estas tres áreas que hemos tratado.

–Me parece estupendo. Me encantará escuchar lo que pienses –afirma mientras se empieza a levantar de su silla–; no olvides que puedes llamarme o enviarme un *email*. Gracias por recibirme porque sé que no es fácil tener a alguien metiendo las narices en tus asuntos.

–Es más fácil de lo que parecía al principio. Gracias, Fernando. Nos vemos el lunes. Tengo que volver a la carrera de ratas de la que te hablaba… No por mucho tiempo ¿eh? –dice sonriendo.

....

De camino de vuelta a su oficina Fran echa un vistazo a los mensajes en su teléfono
Hora: 17:15 h jueves 3 de septiembre de 2019

Marta: ¿Cómo fue? ¿Todo bien?

Fernando: Mejor de lo que pensaba… Fué genial; de hecho. Me muy siento muy optimista de nuevo.

Marta: Te lo dije, ¿no?

Fernando: Sí, bueno... supongo.
¿Por qué piensas que me casé contigo?

Marta: ¿Por qué piensas que me casé contigo
Sr. 50 sombras de Fernando? ;-) Cuídate besitos.

Fernando: ¡¡Gracias!!

PRINCIPALES ASPECTOS DE LA RESISTENCIA AL CAMBIO

Cambiar infunde miedo en lo más profundo de las personas. Solo mencionar esta palabra y la resistencia puede comenzar. Pero ¿por qué pasa esto? Quiero decir, la vida es un cambio constante, ¿no?

Nada permanece igual. Entonces ¿por qué cuando hablamos de cambio se levantan barreras? ¿Por qué en nuestras empresas y organizaciones el cambio provoca una mala sensación?

No somos capaces de cambiar, principalmente por tres razones:

1. Nos gusta algo que estamos haciendo ahora
2. No nos gusta algo del proceso de cambio
3. No nos gusta algo de lo que traerá el cambio

Obviamente estas ideas son muy sencillas pero tal vez haya que recorrer un largo camino para explicar por qué los cambios que tratamos de generar en nuestros equipos, departamentos o empresas no son acordes con el plan o fracasan. Usando estas ideas junto con la curva de cambio de la imagen, podemos empezar a entender dónde comienza la resistencia y las emociones que a veces están involucradas, con el fin de definir lo que debemos tener en cuenta al realizar un cambio como líderes.

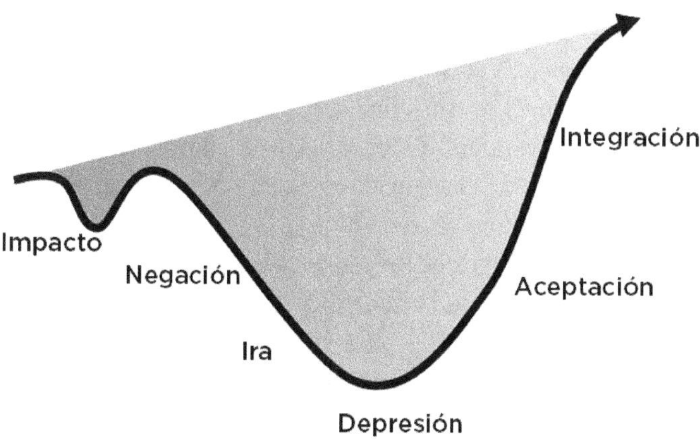

Hay muchas variaciones de la curva de cambio. Muchas provienen del modelo de Elisabeth Kübler-Ross del proceso de duelo que se estableció en la década de los 60. Las diferentes versiones que hay tienen varios pasos o emociones involucradas. La ilustración de arriba es un ejemplo de seis pasos.

Ahora te puedes preguntar: «¿por qué necesitamos considerar el ciclo de proceso de duelo cuando se trata de cambio?». Este modelo es muy general. El comentario acerca de la resistencia al cambio es muy común, pero de lo general podremos enfocarnos en la correcta dirección siempre y cuando nos mantengamos atentos a las desviaciones en el camino.

Elisabeth Kübler-Ross fue cuidadosa a la hora de señalar que su modelo era uno de los que mostraba las reacciones normales a una pérdida trágica, reacciones que funcionan como mecanismos de supervivencia.

También subrayó que no atravesamos las fases de una manera ordenada, sino que podemos tener avances y retrocesos. Eso sería demasiado fácil para un *líder-coach* experimentado, así que simplemente tiene que ser consciente de lo que podría suceder. Volviendo a por qué se usa el proceso de duelo, parece que el cambio –y sobre todo un gran cambio– provoca un nivel de ansiedad, de miedo, de incertidumbre y tal vez, como expone Kübler-Ross, una «pérdida trágica», la trágica pérdida de la seguridad y la comodidad que nosotros como seres humanos apreciamos.

Así que, una vez que seamos conscientes de las reacciones emocionales y de la resistencia que pueden ocurrir, debemos estar muy atentos para evitar las tres razones que se exponen al inicio de este capítulo y luego eliminar, o al menos minimizar, los efectos que el cambio tenga en el equipo para que este pueda representarse con algo parecido a esto que vemos en la siguiente figura. Recuerde que estamos tratando de cambiar para lograr una mejora, por lo que nuestro rendimiento final debe superar claramente las tendencias anteriores.

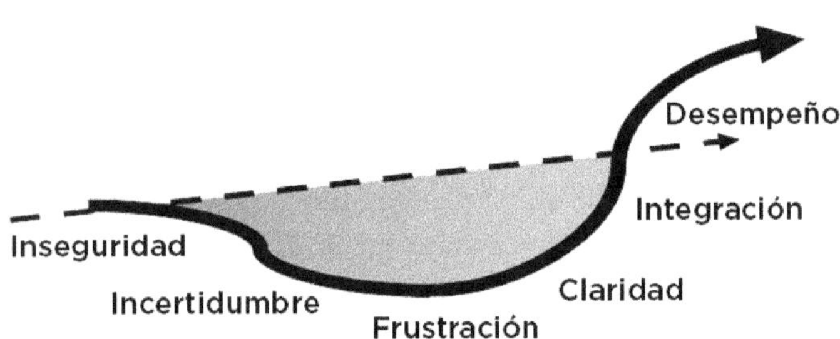

Observe el cambio en los pasos de la figura. No podemos fingir que el cambio no va a liberar algunas emociones y que estas emociones son mucho más favorables y más fáciles de soportar que las del ciclo de cambio anterior.

Entonces, ¿cómo detenemos estas emociones tan dramáticas del ciclo original, o al menos cómo evitamos la gran depresión, que puede tener un marcado impacto en el rendimiento y la producción dentro del equipo?

Como muchas cosas, podemos evitarlas si estamos listos para ello y hemos planeado todo previamente. En el diálogo de este capítulo, el cambio fue repentino y brusco y por eso Fran duda en la primera etapa de «impacto», por lo que Fernando tiene que guiarle por todas las fases:

1. **Esperar**: La primera cosa que debemos hacer es esperar cierta resistencia. Sería muy ingenuo no tenerla en mente. Si la prevemos, nos podemos preparar para limitar el impacto del cambio en la productividad, el rendimiento y, de manera importante, en la moral.

2. **Poseer**: Es fundamental que el *líder-coach* «posea» la competencia del cambio. Puede que el cambio sea exigido por un superior en el organigrama de la empresa. Sin embargo, siempre somos libres para debatirlo con los superiores, pero una vez tomada la decisión y en beneficio de la organización, debemos aplicarnos al 100% para que la implementación y el resultado del cambio sean exitosos.

3. **Medir**: Como *líderes-coaches* podemos evaluar y medir la cantidad de cambio que las personas pueden manejar. Si somos capaces de aplicar el cambio en dosis razonables podemos limitar el miedo, la ansiedad y la inseguridad que pueden experimentar los equipos, y por lo tanto el cambio negativo que puedan percibir. Aquí está la buena noticia: los individuos, los equipos, los departamentos y las organizaciones pueden mejorar su capacidad de asumir el cambio en solo un paso. Es una habilidad que se puede obtener a través de la práctica, aumentan-

do gradualmente los niveles de resistencia, de la misma manera que un *personal trainer* incrementaría el peso en un gimnasio. Las personas expuestas a cambios constantemente incrementan su capacidad para cambiar sin que esto tenga un impacto negativo en su rendimiento.

4. **Enseñar**: Esto afecta directamente a las tres razones por las que no cambiamos, de las que hablábamos al comienzo del capítulo. Se deben explicar las razones y los beneficios que hay detrás del cambio. Lo ideal es que tú puedas haber sido parte del proceso de toma de decisiones, lo que significará que ya tienes una buena comprensión de los porqués. Pero seamos honestos: nuestro mundo no siempre es ideal, por lo que cuando las decisiones se toman desde la parte superior de la cadena, tenemos que educar a los que tienen que cambiar. Logramos esto buscando los beneficios de aquellos que tienen que cambiar, lo que facilita la disminución de las posibles razones de resistencia al cambio. Esto significa que podrían preferir los beneficios del cambio a lo que tienen actualmente, o simplemente lograr hacer el proceso más tolerable.

5. **Participar**: De todos modos, a veces no hay muchos beneficios visibles por los que se tiene que cambiar. Haber enseñado las razones del cambio que se está implementando simplemente es una muestra de respeto. Si nosotros no podemos darles beneficios profesionales y personales, la segunda mejor opción es permitir que se involucren en la realización del cambio. Los objetivos y las razones del cambio se fijan inicialmente, pero podemos dar acceso a las personas a que participen en cómo llegar a todo eso, permitiéndoles que tomen un poco de control, que utilicen su experiencia y conocimiento, que

se impliquen y se responsabilicen en la exitosa implementación del cambio.

6. **Apoyar**: El cambio puede ser frustrante, ya que nos movemos fuera de nuestra zona de confort. Aunque lleguemos a un acuerdo con los nuevos sistemas y procedimientos, el perfeccionamiento de esos cambios puede ser desmotivador. Un buen líder-coach necesita apoyar a su gente en todos los sacrificios que estén haciendo para que todo funcione. Tener ayuda o saber que la hay es necesario y motivador. Habrá altibajos en el proceso de cambio y ahí es cuando uno tiene que intensificar su acción.

En conclusión, el cambio provoca sentimientos bastante comunes en general. Tenemos que estar preparados para ello. De hecho, si estamos esperándolos y nos anticipamos a la posibilidad de que exista esta resistencia, podemos poner en marcha planes para reducir el efecto negativo que los cambios pueden generar en el rendimiento y la productividad.

Podemos limitar las emociones negativas y las posibles razones para la resistencia y pasar por todo el proceso de una manera mucho más eficiente. El cambio es también una oportunidad para impulsar a un equipo y unirlo. La capacidad de adaptación a los cambios es una habilidad que se aprende, que podemos entrenar en nosotros mismos, en nuestros equipos y nuestra gente. Es un proceso que puede llevar algún tiempo, pero saliendo de la zona de confort cada vez un poco más, tú y tu gente podéis pasar de la resistencia a dar la bienvenida al cambio, lo que abre un nuevo mundo de posibilidades e incrementa el valor de tu organización.

COMENTARIOS DEL LÍDER-COACH EXPERTO

Obviamente esta situación puede ser un poco diferente de otras que tengas en la realidad. Aunque este libro está dedicado a la aplicación de habilidades de *coaching* para líderes, técnicamente los mánagers tienen superioridad organizacional. Nosotros decidimos estudiar la posibilidad de dos personas del mismo nivel de la empresa. Esto es algo común en el lugar de trabajo y a menudo puede ser una fuente de gran fricción.

En este caso, el responsable del nuevo departamento de Eficiencia y Sinergias, Fernando, en realidad lleva menos tiempo en su posición que la persona a la que está tratando de apoyar en el proyecto, Fran. Esto trae consigo sus propios retos. Para hacer frente a esto, Fernando emplea una serie de estrategias para tratar de captar la atención de Fran utilizando un estilo fresco y bromista, el uso de jerga o incluso palabras malsonantes para hacer la situación un poco menos formal.

Echa un vistazo a las técnicas que funcionaron y algunas que no lo hicieron:

(1)   Si te estás comiendo la cabeza sobre un asunto y no sabes cómo gestionarlo, ¿por qué no pedir el consejo a un confidente? Esto tiene que ser realizado cuidadosamente y es mejor no utilizar a colegas de la organización, a menos que sea la persona en la que más confías.

(2a)   Aquí Fran ataca a Fernando de una manera muy dura sin motivo. Fernando toma la actitud correcta y se echa atrás. Esto resuelve el conflicto de inmediato dejando a Fran más tranquilo. Al rebajar la agresividad a un nivel menor, Fernando abre la posibilidad para un diálogo respetuoso. Si Fernando se hubiera puesto al mismo nivel de agresividad, el resultado podría haber sido muy diferente.

(2b) Aquí Fernando se reafirma a sí mismo. Anteriormente se echó atrás pero quiere estar seguro de no sentirse superado. Todo lo que él sugiere de broma es que él no puede hacer nada.

(3) Reconocer su experiencia, sobre todo cuando es muy superior a la tuya. Incluso si tu experiencia es mayor, el reconocimiento auténtico de las cosas que la gente hace bien puede ayudar a crear una buena sintonía, construir buenas relaciones y fomentar el entendimiento.

(4a,b,c) En cada uno de estos casos Fernando está de acuerdo con Fran. Cuando existe una resistencia a un cambio, se buscará siempre un elemento al que resistirse como sea. Es extremadamente difícil resistirse a algo o alguien si no hay una imposición. La resistencia, por su naturaleza, es una reacción a algo que se impone. Fernando no impone nada, por lo que no puede haber mucha oposición contra él.

(5) Fernando aquí muestra que no toma a Fran como un idiota y le dice exactamente lo que sucederá con el nuevo departamento, tanto lo malo como lo bueno. Esto puede llegar a ser contraproducente, si el *coachee* (Fran) se obsesiona demasiado en lo negativo, aunque la esperanza se basa en que todo saldrá adelante ya que se ha construido una relación basada en la honestidad. Este es un buen punto de partida para construir la confianza.

(6) Fran muestra una actitud claramente derrotista. Es bueno saber que un individuo tiene este tipo de ideas para su departamento, ya que es mucho más fácil hacer que un soñador sueñe de nuevo. Sin embargo, esto ha sido un mal trago para Fran, que tiene que aceptarlo y volver a una posición de resistencia deshaciendo buena parte del trabajo que Fernando había hecho ya. A Fernando en realidad le dejan con un director que, no solo es incapaz de explicar las ideas, sino que además está resentido por el hecho de haberlas desarrollado.

(7) Fernando, tomando nota de estas ideas, le ofrece algún tipo de alianza para ayudarle a llevar a cabo lo que propone para el departamento.

(8) Fran no reacciona como deseaba y continúa con una actitud de víctima, creando resistencia contra Fernando una vez más.

(9) Aquí Fernando cambia de rumbo y en lugar de simpatizar desafía a Fran con voz firme y le recuerda que él había prometido escuchar lo que tenía que decirle.

Este cambio funciona, obteniendo de nuevo la aceptación de Fernando y cualquier propuesta que pueda tener. Es una aceptación, sin muchas ganas, pero aceptación al final y al cabo.

(10) Aquí tenemos lo que estamos buscando, una especie de reconocimiento de que las cosas no son como él querría. Si estamos escuchando activamente, podemos verlo como una puerta abierta para profundizar aún más en el asunto. Fernando ve esa puerta abierta y la aprovecha.

(11) Desafortunadamente Fernando toma el camino equivocado y podría haber arruinado todo su buen trabajo. Alaba a Fran por reconocer la situación pero utiliza una palabra «admitir». Palabras como «admitir», que suelen ser muy utilizadas para la asunción de culpabilidad por algún tipo de delito, pueden afectar a la conversación de manera negativa. Esto no es la Inquisición española y Fran ya es sospechoso por reunirse con Fernando. Por suerte Fran parece casi noqueado y no se resiste.

(12a, b, c) Fernando invita a Fran a soñar de nuevo pidiéndole que le explique cómo sería su departamento ideal. Fran asume el reto y Fernando no le interrumpe en ningún punto excepto para alabarlo, alentarlo y pedirle más. No importa lo que esté saliendo de su boca en ese momento ni su punto de vista; solo tiene que seguir tirando del hilo hasta que no haya más.

(13) Pedir una aclaración siempre es bueno. Eso indica, no solo que comprendes, sino que facilitas también que otros lo comprendan y se puedan explorar diferentes direcciones. Sin embargo, ten cuidado con las anotaciones. Algunas personas se sienten incómodas cuando sus opiniones se registran. Podría presionar demasiado a algunas personas que están en una reunión de este tipo.

(14) En este punto, Fernando está bastante seguro de tener el control de la reunión ahora. También cree que tiene la capacidad de «bailar» con Fran y no arriesgar el resultado de la reunión.

(15) Fernando se ha dado cuenta de que Fran está completamente abrumado y lo ve todo enorme y demasiado difícil de manejar. Con esta pregunta, Fernando busca reducir gradualmente las ideas generales a más específicas y luego priorizar para ver en cuál enfocarse, todo con el objetivo de poder comprender mejor la realidad y que Fran pueda asimilarlo, una tarea más fácil a diferencia de la tarea insuperable que había percibido con anterioridad.

(16) Esta pregunta tiene un gran impacto. Se requiere que la persona a la que se está preguntando haga un poco de reflexión interna sobre un problema o una situación que había percibido. Se invita a la persona a ver la situación desde otra perspectiva.

(17) Aquí Fran deja la puerta abierta a Fernando. Utiliza una expresión común cuando le dice a Fernando que los árboles no le dejan ver el bosque. Es un problema que Fran reconoce que tiene y Fernando está ahí para ayudar.

(18) Fernando le invita a que haga algo que no suele hacer normalmente. Esto forma parte del proceso creativo del *coaching*.

(19) Esta es una pregunta fantástica. La pregunta «qué» o «quién», se responde con un «nombre». La pregunta «cómo» se responde con «verbos y adjetivos» para describir la forma en la que se está haciendo. En este momento el «cómo» en lugar del «qué» o «quién» es mucho más interesante.

(20) Crear una medida o una escala puede ayudar a algunas personas, especialmente a aquellos que están abrumados por la «gran imagen». También puede ayudar a presentar algo por partes, que es mucho más cómodo de afrontar. Esto significa que podemos centrarnos en pequeños objetivos, en lugar de ver una gran montaña que nos induzca al miedo.

(21) Tener una medida o una escala y dividirla en tramos también nos permite reducir nuestros objetivos. Muy a menudo las personas pueden sentir que no es correcto reducir sus objetivos. Sin embargo, esto permite darse cuenta de que es solo una parte del plan a largo plazo.

(22) Fernando hace que Fran pare de hacerlo todo grande. Le fuerza a que piense en pequeños pasos. Fran obviamente tiene una tendencia a mirar el cuadro grande y ver si es bueno o malo, pero cuando está bajo presión no es capaz de ver los procesos necesarios para llegar hasta allí.

(23) Fernando invita a Fran a entender la presión a la que está siendo sometido en lugar de solo verlo como una presión que afecta a su productividad. También le invita a tener una nueva percepción que pueda permitirle a Fran vivir con presión una vez la comprenda.

(24) Aquí Fernando empatiza con Fran. La empatía es la comprensión de lo que alguien está experimentando. Esta muestra de apoyo y comprensión forma vínculos entre las personas. En el futuro van a trabajar en estrecha colaboración y deben estrechar lazos lo más rápido posible.

(25) Aquí Fernando cambia de estrategia para desafiar a Fran en lo que él necesita. Al principio, el denominador común era que él necesitaba dinero, pero poco a poco va surgiendo la falta de tiempo.

(26) Fernando vuelve a la construcción de la relación. Esta vez es aún más transparente con una declaración clara de «*Estoy en tu equipo*».

(27) Fernando sigue ese comentario con un «*¿Cuándo empezamos?*». El uso de la primera persona plural es extremadamente importante cuando se trabaja en equipo. Es prioritario que un líder se incluya en los errores cometidos, en los proyectos o trabajos comunes y en la responsabilidad que debe tomarse. Aunque si lo que queremos es destacar o alabar algo en concreto debemos alejarnos de la figura «nosotros» para generar un contraste que eleve aún más la alabanza.

(28) Fernando sigue reduciendo gradualmente los temas y tratando, no solo de clarificar su propia comprensión de la situación, sino también la de Fran, eliminando la confusión que pueda existir en su mente y completándola con los puntos clave a seguir.

(29) Fernando le pide a Fran una confirmación de las ideas que quiere desarrollar y que le llevarán a conseguir su meta realista de un 7.

(30) No se trata simplemente de los puntos clave; se trata de ordenar estos aspectos en términos de importancia para lograr el deseado 7.

(31) Puro reconocimiento.

(32) Fernando trata de encontrar una manera de estar incluido en los planes y seguir construyendo ese vínculo entre él y Fran.

(33) Espera aclarar lo que Fran habrá cumplido antes de la próxima vez que hablen, de manera que ambos sean conscientes de cómo todo esto habrá progresado la próxima vez que se encuentren. Pide el compromiso entre ellos y luego le muestra su apoyo preguntando lo que puede hacer por él.

BREVES RECOMENDACIONES FINALES SOBRE LA RESISTENCIA AL CAMBIO

1. **Comprender, esperar y prepararse**. El cambio produce resistencia e impacta en muchas personas. Hay que entender cada caso y prepararse para que el impacto negativo sea limitado.

2. **Eliminar los puntos de resistencia**. Enseñar y aclarar, si es necesario, para aislar los verdaderos problemas del cambio. Desafiar y eliminar cualquier resistencia infundada.

3. **Reconocer la experiencia**. Recurrir a aquellos que sean expertos en su área para ayudar a reducir el impacto del cambio. Si tienes conocimiento experto, utilízalo. Podría ser de gran valor para el éxito del cambio.

4. **Devolver algo de control**. Si hay pocos beneficios en el cambio para los que tienen que realizarlo o si no pueden decidir qué hacer, deja que tengan algo que decir sobre cómo hacerlo. Esto genera comprensión, respeto y responsabilidad para el éxito del cambio.

5. **Crear alianzas**. Esto significa tirar juntos para implementar el cambio de la mejor manera posible para todo el mundo. Significa trabajar como una unidad y crear apoyos para los momentos de incertidumbre y frustración. Esto creará un maravilloso ambiente de trabajo en equipo.

2. GESTIÓN DE EMOCIONES

EL CASO

Carlos es un mánager de una compañía holandesa del sector aeronáutico. Lleva aproximadamente seis años trabajando en la empresa y desde hace medio año ocupa un puesto de responsabilidad como jefe del área comercial en el sur de Europa, gestionando un equipo de unas 50 personas.

Sara es una colaboradora de Carlos con mucha experiencia y suele alcanzar una cifra de ventas a final de año espectacular. Tiene una carácter muy fuerte, o al menos así la describen sus compañeros de trabajo, aunque sus ventas casi siempre está en el top ten del equipo que lleva Carlos, con lo que laboralmente compensa con creces sus arranques emocionales, o eso es lo que él cree.

Ha llegado a oídos de Carlos que Sara está teniendo problemas con algunos clientes porque le están exigiendo una bajada de tarifas muy fuerte debido a la alta competencia en el sector y además, en alguna reunión con ellos, ella no está siendo todo lo cordial que se espera de una comercial de la organización.

Carlos quiere empezar un proceso de desarrollo y tener reuniones periódicas con Sara para corregir este problema porque cree que el mismo puede influir gravemente en los resultados del departamento a largo plazo ya que ella lleva las grandes cuentas y es una persona clave en la cuenta de resultados.

Carlos ha llamado a Sara por teléfono para poder tener una reunión rápida y afrontar este problema.

Primera reunión de Carlos y Sara
Lugar: Despacho de Carlos
Hora: 17:05 h jueves 17 de octubre de 2019

–Hola Sara. Por favor, siéntate.

–Gracias, Carlos. Puff, menos mal que me has llamado. Quería dejar el teléfono un poco tranquilo. Llevo toda la mañana hablando con Steve con el manos libres y me tiene la cabeza loca con el error del pedido de la semana pasada. La verdad es que no entiendo a este tipo de personas que se equivocan y después quieren que tú las saques del agujero en el que ellos mismos se han metido. ¡Si tú te has equivocado, chiquillo, asume tu responsabilidad!

–Bueno tranquila, Sara. Ahora tienes un poco de tiempo para ti. ¿Quieres un café o un té?

–No gracias, acabo de tomarme uno en la máquina y no quiero que me dé una taquicardia –dice Sara, poniéndose la mano en el pecho y echándose para atrás en la silla.

–Jajajá. Está bien.

–Entonces, ¿para qué quieres que nos reunamos?

–Buena pregunta. La verdad es que no sé muy bien cómo empezar esta conversación porque me cuesta encontrar el modo de enfocarla.

–Ve al grano, Carlos. Ya sabes que no me gustan mucho los rodeos ni perder el tiempo. Si tienes algo que decirme, dímelo directamente.

–Ok, pues voy a ser directo, aunque quiero que me interrumpas si es necesario, porque quiero oír tu opinión.

–No te preocupes que lo haré, pero espera que voy a silenciar el móvil; no quiero que me estén entrando *emails* ni llamadas. (1)

–Gracias, será mejor que yo también lo silencie.

–Vamos a ver Sara, me ha llegado información de que estás teniendo problemas en Italia, sobre todo con Lingoo Sand. Me está empezando a preocupar ya que no lo he oído una vez, sino varias y quiero hablarlo contigo, antes de… (2)

–Espera, espera. ¿A qué te refieres con problemas? Yo no tengo problemas con ningún cliente de Italia; es más, sabes que la situación ahora es muy complicada y que nunca hemos estado con tanta presión, pero lo estoy llevando de una manera muy profesional. ¿Qué quieres decir con problemas?

–Quizás no es la palabra adecuada. No sé cómo denominarlo, pero el hecho es que alguno de tus compañeros ha comentado de pasada que con Italia estamos teniendo ciertos problemas de relación. Si te soy sincero, no tengo información directa del cliente; es más una intuición personal y por eso quiero aclararlo contigo.

–¿Sabes qué te digo, Carlos? Que si dejas que la gente de tu equipo te coma la cabeza, tú puedes tener más problemas que yo. Llevas poco tiempo en tu puesto y te puedo asegurar que aquí hay más de uno, y más de dos, que no te quieren ver como su jefe porque piensan que tu puesto les correspondería a ellos y te pueden hacer la vida muy difícil, créeme.

–Te entiendo, Sara, pero no es ese el tema que me gustaría tratar aquí. Me gustaría debatir tu asunto, no el mío, aunque te agradezco el comentario.

–Pues sinceramente ¿sabes qué te digo…? Que no quiero tener esta conversación sin que esté más fundamentada, la verdad. Me estás acusando de algo de lo que no tienes información certera y te estás basando también en tu intuición, y aquí estamos en una empresa donde la presión la tenemos en los objetivos y no en perder el tiempo con intuiciones tuyas ni de nadie. No me estoy enfadando contigo, pero quiero que me entiendas.

Sara se levanta aparentemente tranquila y sale del despacho de Carlos dejando a este con los ojos como platos y la mente en blanco.

Se queda pensativo. Esta reunión confirma el carácter tan fuerte que tiene Sara. «¡Ha dejado plantado a su propio jefe!» piensa.

Sin duda este es un caso complejo para Carlos y no quiere que Sara se le suba a las barbas, por lo que decide irse a tomar unas cervezas a la salida del trabajo con su gran colega Steve.

....

Tomando cervezas con Steve
Lugar: Pub Blue Sailor
Hora: 18:30 h jueves 17 de octubre de 2019

–¡Se te ve cansado, Carlos! Jajajá.

–¡Qué va! ¡Si tú supieras! Vamos, que llevo un día de perros. Mil reuniones con clientes y además un problemón bastante gordo con una persona de mi departamento.

–¡Bienvenido al club de los psicólogos-jefes! Jajajá.

–La verdad es que más que psicólogo-jefe soy un capullo-jefe.

–¡Venga! No será para tanto. Cuéntame un poco más, que me tienes intrigado.

–OK, te cuento. Hace unas semanas tomando un café en la cafetería oí que un cliente que tenemos en Italia estaba súper-cabreado con una agente del equipo. La verdad es que no le di importancia pero el otro día otras personas me lo comentaron directamente y mi alarma saltó. Creo que no puedo dejarlo de lado, o puedo tener problemas con ese cliente y con otros porque... y esto es *off the record...* es una persona muy, muy, pero que muy complicada que de vez en cuando explota con los clientes. Y si te cuento lo que me pasó el otro día con ella, puedes alucinar.

—Sí, claro, cuéntame.

—Pues que me dejó plantado en el despacho cuando le comenté la situación. Me dijo que no quería tener una reunión basada en hechos no concretos, y la tía se fue del despacho, ¡con un par!

—¿Dos Guinness para empezar? Te vendrá bien relajarte.

—Sí, por favor; creo que necesito una pinta de cerveza para poder empezar a pensar.

—Una cerveza te pondrá en estado zen, jajajá.

Steve se va a la barra a pedir dos Guinness mientras Carlos se queda apoyado en una mesa alta de madera, pensativo y con cierta cara de preocupación.

—¡Aquí la tienes, campeón!

—Ummm, perfecta, ummmm. ¡Este brebaje es la miel de los dioses!

—Bueno, venga, continúa.

—¡Si no hay más! Se fue del despacho y tengo que ver cómo manejar este tema porque si hago lo que me pide el cuerpo la tiro por la ventana. Pero prefiero usar alguna técnica de esas que nos enseñaron aquellos *coaches* del programa de Leadership&Talent antes de practicar el lanzamiento de personas a distancia.

—Sí, es cierto; debes controlarte porque te veo demasiado tenso. Vamos a ver, Carlos; una cosa es tener una conversación dura con una persona y querer tirarla por la ventana y otra muy diferente es que te deje plantado en medio de una reunión y tú no hagas nada. Creo que hay una diferencia bastante clara y estar en el punto medio es lo más sensato, o al menos es lo que haría yo. Vamos a ver; no soy de ese tipo de personas a las que les guste dar consejos, y tú me conoces muy bien en eso, pero de todas formas yo llamaría otra vez a… ¿es un hombre o una mujer? No me lo has dicho.

–Es una mujer; creo que sí te lo había dicho. Pero ¡qué más da!

–Bueno, da exactamente igual, tienes razón. Pues llámala y dile que quieres otra reunión con ella, pero no te dejes aplastar por el carácter que tiene porque al final perderás los papeles como lo hace ella. Vete tranquilo y sin esperar ningún resultado concreto del encuentro. Recuerda que no es un tema a resolver en una reunión. Empieza a tener reuniones o come de vez en cuando con ella para hacerle seguimiento, tal y como nos enseñaron.

–OK, gracias, Steve. Me ha servido mucho hablar contigo porque estaba bastante cabreado conmigo mismo. Vamos a cambiar de tema ahora que no quiero hablar más de trabajo. ¿Qué tal te va con…

. . . .

Llamada de teléfono de Carlos a Sara cinco días más tarde
Lugar: Despacho de Carlos
Hora: 9:02 h martes 22 de octubre de 2019

–Buenos días, Sara

–Hola, Carlos. Dime.

–¿Cómo tienes el día?

–Pues liada, como siempre. ¿Qué quieres?

–Necesito verte hoy. ¿Me harías un hueco por la mañana?

–Vale, te puedo ver a las 12:00 h antes de comer, si te parece bien.

–¿Nos vemos mejor en al cafetería?

–Sí, claro. Allí nos vemos a las 12:00 h. ¡Yo pago el café!

–¡Hecho!

· ·

Segunda reunión entre Carlos y Sara
Lugar: Cafetería de la empresa
Hora: 11:57 h martes 22 de octubre de 2019

Tres horas más tarde, en la cafetería de la empresa en una mesa tranquila está sentado Carlos, cuando de repente aparece Sara.

–¿Qué quieres tomar, Carlos?

–Un té por favor, con estevia si es posible.

–Aquí lo tienes. Ufff como quema, ten cuidado.

–Parece que sirven el café y el té para que nos quememos la lengua y no podamos hablar. Esto debe ser una estrategia de la competencia. Jajajá.

–Jajajá.

–Pues tú dirás, Carlos.

–Sara, quiero hablar del tema del otro día. Necesito comentar contigo otra vez lo de Lingoo Sand.

–Pero, vamos a ver; ya te dije el otro día que yo no quería hablar de este tema y...

–Espera, espera. No vayas tan rápido. Quiero explicarte algo más. Sabes que nuestra empresa ha puesto en marcha desde hace un tiempo un programa de cambio de liderazgo y todos los jefes de equipo tenemos que ponerlo en práctica porque es parte de nuestro trabajo. Y he decidido empezar contigo, aunque voy a seleccionar a más personas para esto. Quiero que sepas que no es un castigo; es todo lo contrario, una oportunidad para los dos: para mí en mi desarrollo como mánager tuyo, y para ti en tu crecimiento profesional y de tus competencias. (3)

–Dilo como quieras, Carlos, pero a mí me parece un castigo.

–Quiero explicarte cómo lo vamos a hacer. Nos vamos a reunir cada 10 o 15 días aproximadamente durante un rato y vamos a hablar de ti. Quiero decir que no vamos a hablar del trabajo, sino de Sara en el puesto de trabajo. ¿Entiendes la diferencia?

–Vamos, que has aprendido unas técnicas en algún *bestseller* que has comprado y me vas a hacer de psicologuillo, jajajá.

–No exactamente, Sara. Quiero trabajar tu desarrollo profesional. Tienes mucha experiencia y todavía mucho potencial por desarrollar, pero necesito que estés totalmente comprometida y que te lo tomes en serio. Si no es así, dímelo directamente y escojo a otra persona.

–Creo que por la cara que pones no tengo elección, así que voy a hacerlo. No creo que me quede más remedio.

–Entonces, Sara, cuéntame un poco más de lo que ha ocurrido con el cliente italiano.

–Ya te dije que no había ocurrido nada. Estoy harta de personajes como estos. Nada más.

–¿A qué te refieres con que estás harta con personajes como estos?

–Estoy cansada de tener que ir a precio todo el rato. Estamos con unos márgenes mínimos y a estos tipos parece que les da igual que tú puedas reventar.

–¿Qué ocurrió la última vez que fuiste a Italia? (4)

–La verdad es que el jefe de ventas, Marco, es insoportable. De hecho me trata muy mal porque soy mujer. Puedo sentir en su cara que no le gusta nada que yo esté allí. Pero que se aguante; no estoy para soportar a las personas que viven en el pasado de una cultura machista. En realidad prefiero que se ponga así porque me siento más fuerte en esas situaciones; me gustan los retos con idiotas como ese.

–¿A qué te refieres cuando dices «sentirte más fuerte»? (5)

–Te lo explico con más detalle. Llevaba toda la semana de viaje y cuando llegué a Italia cogí un taxi hasta su oficina. De verdad que estaba reventada por los días anteriores; de hecho ese día no había dormido más de tres horas y tenía un aspecto horrible. Bueno, pues llegué a la reunión y lo primero fue que Marco no me ofreció ni un maldito vaso de agua sabiendo que llegaba de un viaje de más de cuatro horas. Me plantó la oferta que le enviamos por *email* encima de la mesa y me dijo que si nos estábamos riendo de él, pero además en un tono muy feo. Un tono que no se lo he oído utilizar a nadie en una reunión de trabajo. ¡Solo les habla así a las mujeres! Porque a su secretaría la trata igual, aunque con un poco de más delicadeza, claro.

–¿Cómo te sentiste en ese momento? (6)

–¿Yo? Pues casi exploto. Le dije, «mira, a mí lo primero no me grites porque cojo el avión de vuelta a Amsterdam y aquí te quedas». Eso me encantó, porque se le puso la cara roja; yo creo que no se lo esperaba. ¡Incluso me sorprendí de mí misma! Después, con un tono bastante duro, le dije que la oferta la habíamos hecho con un cariño increíble y que no le iba a permitir comentarios de ese tipo. ¡Pero qué se cree ese idiota, vaya falta de profesionalidad!

–¿Y tú?

–¿Y yo qué?

–¿Cómo de profesional eres tú? (7)

–Me dejas de piedra, Carlos. ¿Me estás acusando de no ser profesional?

—No, simplemente te estoy preguntando. En tu opinión, ¿cómo de profesional estás siendo con ese tipo de reacciones?

—Creo que es la reacción más normal que tendría cualquier persona y más una mujer a la que un machista le suelta las cosas así de directas.

—Sara, de verdad, no veas mis preguntas como ataques. No te estoy preguntando si es normal o no. Estoy preguntándote por tu profesionalidad.

—Yo soy una gran profesional y Marco es un impresentable, punto.

—¿Para ti cómo se tendría que comportar un verdadero profesional?

—Como lo he hecho yo está bien.

—¿Y de qué otras formas se puede comportar alguien en esta situación? (8)

—Bueno, hay gente sin sangre en las venas que no habría hecho nada de lo que he hecho yo. Eso lo sé. Pero ese estilo no va conmigo. Cada uno es como es.

—¿Quién es la persona que más admiras aquí en el trabajo?

—¿A qué viene esa pregunta? No te entiendo.

—Me refiero a ¿qué persona despierta tu admiración por la forma de trabajar que tiene?

—Ummmm, no sé. Hay mucha gente a la que admiro, pero ahora no caigo.

—Piensa en alguien con quien te guste mucho trabajar. Alguien que para ti sea un referente.

—¡Ya! Lo tengo. Mónica. Mónica Stand para mí es un referente. Adoro trabajar con esa mujer.

—Y ahora centrándote en ella. ¿Cómo crees que se habría comportado en la misma situación con Marco?

—No lo sé. No estoy dentro de su cabeza.

−Es cierto que no estás en su cabeza pero trata de imaginarte a Mónica en esa situación. ¿Cómo se habría comportado ella? −pregunta Carlos en un tono un poco más bajo para crear cercanía.

−Pufff. Déjame pensar. Umm, la verdad es que ella se habría comportado de modo muy diferente a mí. Ella es una mujer muy tranquila y segura de sí misma. Yo creo que le habría dicho a Marco que entendía perfectamente cómo se sentía, pero que la oferta estaba hecha con mucho cuidado, sobre todo en cuanto a precios se refiere. Es una mujer que maneja a los hombres a su antojo, por eso me encanta.

Carlos mira fijamente a los ojos de Mónica subiendo las cejas, con una expresión de preguntar, ¿y entonces?

−Sí, es verdad, no me pongas esa cara; yo no soy para nada como Mónica. La admiro muchísimo, pero ella tiene una flema inglesa que yo no soy capaz de reproducir. Hay que aceptar las diferentes formas de ser de cada uno, ¿verdad?

−Las diferentes formas de ser son fruto de las elecciones que cada uno hace en su vida. (9)

−No estoy de acuerdo, Carlos. Cada uno es como es.

−¿Tú te comportabas igual cuando tenías diez años que ahora?

−No. La verdad es que no. He ido cambiando a lo largo de mi vida, como todo el mundo supongo.

−¿Y eso qué está diciendo de ti? (10)

−Imagino que la vida va formando tu personalidad.

−¿Y tú que parte de responsabilidad tienes tú en tu personalidad?

−Bastante, Carlos, bastante. De hecho, ahora no me estoy encontrando muy bien con todo esto.

−¿Qué te está pasando?

−No lo sé. Es extraño. Es una sensación de falta de control de mi vida y de mi trabajo. Me estoy dando cuenta de que siempre me estoy escudando en mi forma de ser. Quiero que sepas que lo que estoy diciendo ahora me está costando muchísimo y que me gustaría que quedase entre tú y yo.

–Tranquila, Sara. Esta conversación no va a salir de aquí. (11) –Mirando hacia abajo y con un ritmo de voz más lento–. Yo siempre he sido una persona muy temperamental. Sobre todo a nivel laboral, nunca he dejado que nadie me tratara mal ni que me pisaran el terreno. Para mí es una falta de educación cómo actúan muchas personas y ahora me doy cuenta de que me he estado poniendo a la misma altura de toda esa gente que me saca de mis casillas. No sé Carlos, esto es muy duro para mí.

–¿Cómo te puedo ayudar en todo esto? (12)

–No sé. La verdad es que esta conversación es de las más fuertes que he tenido con un jefe. Nunca he hablado con alguien en el trabajo de forma tan personal. No se cómo agradecerte esta reflexión. Muchas gracias, Carlos, de verdad…

–Entonces, Sara, ¿qué quieres cambiar de todo esto? (13)

–Puff. Qué pregunta más difícil ahora. No estoy segura. La verdad es que tengo un viaje a Italia mañana por la tarde y tendré que verme de nuevo con Marco, y sinceramente no me apetece nada.

–¿Qué quieres aprender en tu próximo viaje?

–Veo que no me dejas escapatoria. Pues quiero aprender a poder trabajar delante de una persona realmente dura y difícil sin perder los nervios.

–Entonces, ¿qué vas a hacer diferente?

–No me quiero comprometer con muchos cambios. Simplemente quiero no dejarme llevar por la situación, y si hay algo que necesito o quiero, pues pedirlo y ya está, aunque sin perderle nunca el respeto a la persona que tengo enfrente. Eso es lo primero que voy a hacer y también, si me saca de mis casillas, que ya te puedo decir ahora mismo que lo hará, pues no entrar al trapo, tomarme un sorbo de agua, si es que me la da, jajajá, o salir a tomar un café con la excusa de relajarme y no entrar como un toro a matar.

–Estupendo, Sara. ¿Qué te parece si nos vemos en 15 días de nuevo en una reunión de este tipo y me comentas cómo te ha ido? (14)

–Me parece bien. De hecho te lo iba a proponer. Voy a necesitar apoyo en todo esto. Y me apetece que seas tú quien me acompañe. Me alegra poder contar contigo en este proceso.

–Me alegra que te alegres –dice Carlos sonriendo con la intención de crear una relación de confidencia con Sara–. OK, de todas formas me gustaría que me enviases un *email* después de tener la reunión con Marco para ver cómo te ha ido. ¿Te parece bien?

–Me parece estupendo. Lo tendrás según acabe la reunión. Muchas gracias.

–Muchas gracias por tu tiempo, Sara.

PRINCIPALES ASPECTOS DE LA GESTIÓN EMOCIONAL

La gestión emocional es uno de los pilares básicos de la conocida inteligencia emocional que popularizó en su momento Daniel Goleman, y se sitúa en los últimos años como un valor al alza en las empresas. Además, posiblemente es una de las competencias más importantes a desarrollar por alguien que tenga la intención de ascender a puestos de dirección o como mando intermedio.

El siguiente gráfico está extraído de las conclusiones de Goleman y nos muestra la importancia de la inteligencia emocional en el trabajo frente a la inteligencia racional. Salta a la vista que en cualquier caso tener una alta inteligencia emocional es la clave para desarrollarnos en cualquier puesto de trabajo, y mucho más si tenemos un equipo a nuestro cargo, ya que el impacto en los trabajos es mucho más profundo con las personas de alta inteligencia emocional (IE) que con las de alta inteligencia racional (IR).

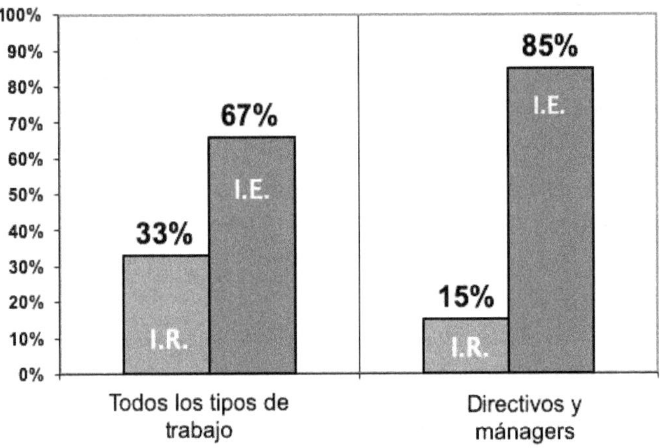

Hay un concepto que está muy claro actualmente y es que somos seres emocionales. Si sabemos manejar las emociones apropiadamente, estas serán para nosotros una guía que nos proporcionará excelente información, tanto de nosotros mismos como de nuestro entorno. Sin embargo, en el día a día no siempre prestamos la atención necesaria a nuestros estados de ánimo ni a los de las personas que nos rodean. Preferimos dejarnos arrastrar por ellas hasta el punto de dejar que tomen nuestras decisiones, que dirijan nuestras acciones y controlen nuestras vidas.

Las emociones en sí mismas no son buenas ni malas; son un mecanismo que ha desarrollado la mente para enviarnos información y ayudarnos a sobrevivir en un mundo cada vez más complejo. Nos informan acerca de nuestro entorno y de nosotros mismos, también de las necesidades que en ese momento tenemos y de nuestros valores y principios prioritarios. También nos informan del estado emocional de los otros, nos impulsan a actuar y, por supuesto, son el desencadenante de nuestra toma de decisiones.

Detrás de cada emoción hay una intención positiva, un beneficio que está recibiendo la persona por experimentar esa emoción, aunque la mayoría de las veces pasa desapercibido para nuestro consciente. Descifrar este beneficio nos ayuda a poner a la emoción en un contexto más global y nos hace reflexionar sobre ello y obtener el mensaje que las emociones nos mandan.

- Por ejemplo, **el miedo** surge para cubrir la necesidad de supervivencia. Aparece como consecuencia de sentir que uno no es capaz de abordar algo, cuando la percepción que tenemos de nuestros propios límites está por debajo de lo que nosotros creemos que necesitamos para conseguir el éxito en el tema que abordamos. El miedo es una señal de huida que nos hace tomar distancia, alejarnos del elemento que nos parece peligroso.

- **La ira** nace para cubrir la necesidad de respeto. Es el indicador de que algún valor o principio personal ha sido violado por otros o por nosotros mismos. El pensamiento es que han traspasado los límites que yo he marcado y necesito protegerme.

- **La alegría** cubre la necesidad de reconocimiento, aceptación y pertenencia. Sin embargo a pesar de ser una emoción que en un principio no nos tendría que preocupar sino agradar, es necesario gestionarla cuando se convierta en euforia, pues esta nos lleva a dejar de actuar por exceso de confianza, infravalorando riesgos que antes teníamos en cuenta. Sentir la necesidad de estar alegres o eufóricos todo el tiempo nos puede generar un estado constante de ansiedad ante la búsqueda continua de tal sentimiento.

- **La tristeza** aparece como consecuencia de un abandono, un fracaso. Nos indica que ha llegado el momento de construir nuevos lazos afectivos o de buscar nuevos objetivos. Nos indica que la necesidad que en esos momentos debemos satisfacer es la del consuelo.

La ciencia nos dice que sin emociones no podemos tomar decisiones, y no ser conscientes de ellas significa que ellas tomarán el control de nuestra vida y no nosotros; es ahí cuando sabremos que hemos perdido nuestro verdadero auto-liderazgo.

Un primer paso para gestionar nuestras emociones es identificarlas y aceptarlas como propias. Si las proyectamos en los demás y culpabilizamos a otros de cómo nos sentimos, estaremos perdiendo el control y nos dejaremos liderar por ellas.

Etiquetar una emoción significa que estamos prestando atención a lo que nos está ocurriendo. Esto nos ayudará a concentrarnos de forma deliberada y exclusiva en esta emoción, especialmente si no es deseada. Las investigaciones y muchos experimentos empíricos de atención consciente han constatado que esta técnica de observación por sí misma provoca una regulación de la emoción y un cambio de conducta: una especie de proceso de autorregulación.

Toda emoción aparece para cubrir una necesidad que tenemos, ya sea de supervivencia, reconocimiento o respeto, y nos ofrece información muy valiosa sobre nosotros mismos, así como sobre la interpretación que damos a los hechos que percibimos.

Para tomar el control de forma definitiva, el último paso es comenzar a recorrer el camino del autoconocimiento y del cambio personal. Solo recorriendo este camino conseguiremos deshacernos de la adicción a las emociones negativas y lograremos, de forma sostenible, el equilibrio necesario para influir de manera positiva en nosotros mismos y en las personas que nos rodean.

COMENTARIOS DEL LÍDER-COACH EXPERTO

Tenemos un interesante caso de un colaborador con muy malas formas hacia un cliente y también hacia su mánager y cómo este consigue enfocar el tema en la segunda reunión.

Esto no siempre es tan sencillo. Es más, muchas veces se necesitan varias reuniones de desarrollo para conseguir cambiar una conducta que está arraigada en el tiempo, por lo que el responsable de esa persona tendrá que tener una estabilidad emocional muy fuerte para poder soportar ciertos comentarios agresivos, como los que hemos podido ver en este caso.

Vamos a observar la sesión de *líder-coach* desde un punto de vista más analítico.

(1) Sara decide por propia voluntad silenciar el teléfono. Este aspecto es muy importante en reuniones de desarrollo con colaboradores. Aunque a Carlos se le olvida inicialmente, su teléfono debe tener silenciado desde

el principio, ya que cualquier interrupción en este tipo de encuentros puede significar romper totalmente la intimidad que requieren, sobre todo cuando se trata de asuntos puramente emocionales. Además, Carlos, como *líder-coach*, tiene la obligación de invitar a Sara a silenciar su móvil.

(2) Carlos, en su descripción de la situación incluye las palabras «problema» y «preocupado». No es que no se puedan decir, pero hay que tener en cuenta cuál es el impacto emocional de una persona al recibir esta información al principio de una conversación delicada, puesto que las reuniones de tipo *líder-coach* son muy sensibles al lenguaje empleado. Cuando hablamos de un problema, estamos introduciendo una interpretación de una situación, por lo que es un comentario subjetivo. Un problema para una persona puede no serlo para otra. De hecho, se puede leer más adelante en el comentario de Sara que se molesta por esta etiqueta.

Tenemos que tener en cuenta que el lenguaje no es inocente y tiene consecuencias emocionales en las personas, por lo que el *líder-coach* tendrá que tener especial cuidado con las palabras usadas cuando tenga reuniones en las que puedan existir conflictos. ¿Qué ocurre con la palabra «preocupado»? ¿No es correcto usarla? Realmente aquí estamos en la misma situación. Que el *líder-coach* diga cómo se siente en este punto de la reunión no le ofrece mucho a Sara; en todo caso puede cargar tensión en la conversación. Es cierto que Carlos puede indicar cómo se siente; sin embargo es mejor que no lo haga cuando comience con un tema delicado y sea más aséptico.

Si el colaborador ofrece mucha resistencia al cambio, podemos expresar cómo nos sentimos para tratar de ver su nivel de empatía. Cuando hablamos de nuestras emociones tenemos mayor capacidad de influencia en otros, aunque tenemos que tratar de equilibrar las emociones con algo más racional. El estilo de comunicación *líder-coach* se tiene que centrar principalmente en eliminar juicios que enturbien la relación y focalizarse más en los hechos concretos y específicos. Por ejemplo, decir que un informe está mal hecho no genera aprendizaje en la persona que lo recibe. Sin embargo, indicar que el informe tiene varias faltas de ortografía y que la redacción es muy densa, sin párrafos diferenciadores, es mucho más específico. Debemos eliminar el juicio generalista e ir hacia lo concreto y específico.

(3) Algunos mánagers tienen miedo de comentar a sus colaboradores que les van a hacer un proceso de desarrollo. Esto es un grave error que se comete porque para que un proceso de *líder-coach* sea efectivo es esencial que se cree un entorno de confianza y transparencia. Aquí es importante la forma en la que Carlos explica el propósito del programa y los beneficios que tiene para ambos. Independientemente de la explicación, este tipo de procesos deben ser aceptados y nunca impuestos por los jefes, ya que no tendrá sentido intentar desarrollar a alguien que no quiere crecer profesionalmente. En este caso, Carlos dudosamente le ofrece de forma libre el proceso a Sara. Hubiera sido mucho más recomendable hablar antes con ella para ofrecerle de una manera más abierta un proceso de estas características. Los desarrollos de las personas *líder-coach* en las empresas no deben vincularse a «arreglar» lo que está estropeado porque pueden obtener rechazo por parte de las personas implicadas. El modelo de desa-

rrollo del *líder-coach* debe ser potenciador y enfocado a trabajar con personas que tengan miras de mejora. Otro error común es vincular un proceso de este tipo con alguna variable o incentivo a final de año.

(4) Carlos está realizando preguntas de exploración al principio de la reunión. En esta fase es muy importante que estas preguntas sean abiertas, es decir que empiecen por *¿Qué? ¿Cómo? ¿Cuándo? ¿Dónde?* Las preguntas que empiezan por pronombre o verbo son preguntas cerradas y no indagan en la situación, sino que provocan que la persona no profundice en lo que está pasando. Por ejemplo, si Carlos llega a preguntarle a Sara algo como: «*¿Tuviste problemas la última vez que fuiste a Italia?*», esto habría incitado a que Sara respondiera sí o no y no explorara más allá. Sin embargo en este caso Carlos ha realizado una pregunta abierta, «*¿Qué ocurrió la última vez que fuiste a Italia?*», con lo que invita a Sara a dar una explicación más amplia.

(5) «*¿A qué te refieres cuando dices sentirte más fuerte?*». Aquí Carlos está demostrando una escucha activa bastante poderosa que se refleja en la indagación que supone la palabra «fuerte». Para que haya una buena escucha y una exploración posterior de determinadas expresiones o palabras, el mánager debe estar totalmente centrado en la persona y no tener ningún tipo de distracción. Aquí nos estamos dando cuenta de la verdadera importancia de tener una escucha de calidad. Recuerda que la escucha genera empatía y que sin esta los resultados del *coaching* que realices tendrán unos resultados muy limitados.

El proceso con Sara es sumamente emocional, por lo que la escucha activa es la llave para que una reunión de este tipo fluya. Sara tiene que indagar y explorar su comportamiento con el cliente y cuáles son exactamente los hechos que hacen que pierda el control emocional, por lo que las preguntas emocionales son muy reveladoras. Sin embargo, como se puede ver a continuación, Sara no está acostumbrada a profundizar tan fácilmente en sus emociones y se centra en los hechos ocurridos, es decir, en el exterior más que en su interior. Aquí Carlos tiene dos opciones: una es pasar a la siguiente pregunta en la misma línea que la anterior, y otra es volver a repetirla para que ella empiece a desarrollar un aprendizaje emocional.

(6) *«¿Cómo te sentiste en ese momento?»*. En este caso, Carlos de forma muy inteligente hace una pregunta centrada en la persona y no en el entorno. Se podría haber hecho una pregunta muy parecida como *«¿Qué pasó en ese momento?»*, pero, el foco estaría fuera de ella en lugar de en sus emociones. Recuerda que en un proceso de desarrollo emocional, el foco debe estar en el estado de ánimo.

(7) *«¿Cómo de profesional eres tú?»*. Esta es una pregunta muy desafiante en este contexto; sin embargo es muy inteligente en este ejemplo. No podemos olvidar que Sara tiene un comportamiento bastante agresivo en general y Carlos en la primera parte de la reunión ha estado generando confianza con ella sin hacer preguntas que la remuevan, pero a partir de un momento de la reunión tenemos que recordar que el jefe de Sara está ahí para desarrollar personas y para eso se tiene que convertirse en un «gentil incomodador», es decir, tie-

ne que sacarla de su zona de confort con preguntas de este estilo. Después de esto podemos observar que Sara entra en una fase de defensa absoluta; lógico en cierto modo por su personalidad, por lo que Carlos debe estar muy presente con un estilo seguro para no venirse abajo frente a una personalidad tan extrema. También es conveniente recordar que la pregunta es abierta y que tiene una impacto mucho mayor que si fuese «¿te consideras profesional?» o «¿eres profesional?».

(8) Sara no se quiere abrir a nuevas formas de comportamiento; sin embargo Carlos insiste con «*¿Y de qué otras formas se puede comportar alguien en esta situación?*». Es importante generar otras opciones en los colaboradores y que estas salgan de ellos más que de los supervisores. Sara piensa que Carlos le está interrogando en cierto modo y por eso se sigue comportando a la defensiva. No debe preocupar este comportamiento en las primeras reuniones con una persona de este estilo, pero sí es fundamental ir ganando confianza a medida que pasan las sesiones en donde se generará un espacio de total confianza por las dos partes. El mánager, cuando realiza esta pregunta, tiene que hacerlo con un estilo respetuoso, sin dar la sensación de que lo que hace Sara está mal, sino buscando otras formas de comportarse. Cuando una persona tiene opciones de comportamiento se siente más libre y con más recursos para proceder en diferentes situaciones. Eso es justo el estilo *líder-coach*: una serie de técnicas que buscan que los colaboradores generen recursos internos y externos para desempeñar mucho mejor su trabajo.

(9) *«Las diferentes formas de ser son fruto de las elecciones que cada uno hace en su vida»*. Aquí Carlos da una pequeña píldora de su cosecha que puede ayudar a cambiar una idea o una creencia de Sara. Sin embargo, siempre que lo hagamos corremos el riesgo de que la persona que esté escuchando no la comparta, y este hecho debe ser totalmente respetable siempre que sea argumentado. En cualquier caso, son muy valiosas este tipo de reflexiones por parte del jefe. El *líder-coach* tiene que poder argumentarlo pero sin apegarse a lo que ha dicho previamente y así el colaborador podrá sentirse más libre de recogerlo o no. También es importante resaltar que las sesiones de *coaching* van más allá de la propia reunión. Es decir, el colaborador seguirá dándole muchas vueltas después de la conversación con su jefe. Es más, la «magia» que se produce en estas reuniones sucede entre una sesión y otra, no dentro de la misma. Las personas solemos reflexionar sobre todas las conversaciones que tenemos con nuestros mánagers a pesar de que en alguna ocasión parezca que no han tenido trascendencia alguna.

(10) *«¿Y eso qué está diciendo de ti?»* es una pregunta centrada en la identidad de la persona. Muchas veces este estilo de cuestiones son difíciles de responder en función de la persona que las reciba. Personas con alta inteligencia emocional o que hayan asistido a formaciones de desarrollo personal o profesional no tendrán problemas en responder o al menos en indagar en algo que normalmente no se hayan cuestionado; sin embargo tenemos que estar preparados para poder formular esta pregunta de una forma más sencilla si nos lo piden. En caso de ser así, algunos ejemplos de preguntas aclaratorias podrían ser:

- *¿Qué te está enseñando todo esto?*
- *¿Qué estás aprendiendo aquí?*
- *¿Qué conclusión sacas?*

(11) *«Tranquila, Sara. Esta conversación no va a salir de aquí».* Carlos no ha establecido la alianza entre Sara y él, es decir, las normas o las bases para asentar esa relación de desarrollo. Temas como la claridad, la honestidad, la comunicación directa y la confidencialidad deben explicarse en la primera reunión y escuchar a las dos partes. En nuestro caso, la confidencialidad es algo que no está implícito en un programa de desarrollo con tu mánager, por lo que debes comunicar que lo que ocurra en esas sesiones será estrictamente confidencial y que será un entorno seguro. Sin un acuerdo verbal o escrito de confidencialidad estos desarrollos no tendrán mucho sentido. Ten en cuenta que es posible que la persona con la que te reúnas pueda tener comentarios sensibles de otros compañeros, así que recuerda que la confidencialidad es la base de la confianza mutua.

(12) *«¿Cómo te puedo ayudar en todo esto?».* Carlos vuelve a brindar a Sara su apoyo para que se sienta acompañada. Es crucial hacerlo en situaciones como esta en las que ella se puede sentir más vulnerable.

(13) *«Entonces, Sara, ¿qué quieres cambiar de todo esto?».* Al final de toda reunión de *líder-coach* debe haber acciones. De nada sirve estar hablando de algo sin generar pautas de cambio concretas. Por eso, Carlos, de forma muy ágil, conecta todo lo que ha salido en la reunión para que Sara se centre en una acción específica. Finalizaremos con al menos una intención de cambio

de comportamiento. Recuerda que la diferencia entre una persona inteligente y una sabia es que la inteligente sabe qué debe hacer y la sabia lo hace.

(14) *«Estupendo, Sara. ¿Qué te parece si nos vemos en 15 días de nuevo en una reunión de este tipo y me comentas cómo te ha ido?».* Un proceso de desarrollo no es una reunión aislada. Esto no consigue prácticamente ningún fruto y lamentablemente es lo que muchas veces se ve en entornos de trabajo. Reuniones de desarrollo anuales, muchas veces impuestas por el departamento de Recursos Humanos como las típicas para hacer la evaluación del desempeño, suelen tener poco impacto en las personas y en algunos casos pueden provocar el efecto contrario, como resentimiento o rencor.

Si quieres desarrollar a las personas de tu equipo, debes tener reuniones de este tipo al menos una vez al mes. En general, la frecuencia óptima de este tipo de sesiones depende mucho del tema que se esté tratando pero con una al mes es suficiente, aunque en este caso Carlos decide ver a Sara en 15 días. Cuando se empieza un proceso de este tipo, puede ser conveniente verse cada 15 días. Pero no abuses, ya que hay que tener en cuenta que deben existir acciones de compromiso por parte del colaborador en donde se vea realmente el cambio. Si realizamos muchas reuniones en un mes es posible que saturemos a la persona. En el caso de que el mánager tenga un número muy grande de colaboradores hay que seleccionar a las personas clave para este tipo de procesos. Una idea para hacer esta selección suele ser:

- Personas de alto potencial y baja motivación que necesitan apoyo y en muchos casos reconocimiento por parte del mánager
- Líderes ocultos del equipo que tengan mucha influencia sobre los demás, sobre todo cuando estén poco involucrados en la empresa
- Personas que tengan un desempeño por debajo del requerido.
- Colaboradores que lo soliciten

Independientemente de esta selección, estos procesos no solo tienen que centrarse en personas que necesiten apoyo para mejorar sus productividad, sino en aquellas que tengan un buen desempeño y que a su vez quieran desarrollar otras competencias o *soft skills*. Si no se hace así, parecerá más un castigo que un regalo o una oportunidad.

BREVES RECOMENDACIONES FINALES SOBRE LA GESTIÓN EMOCIONAL

1. **Sé consciente en las situaciones de tensión.** La gestión emocional consiste en regular las propias emociones en situaciones de tensión o de pérdida de control.

2. **Toma conciencia de las emociones.** La mejor forma de gestionar la emoción es tomar conciencia de ella.

3. **Acepta las emociones**. Toda emoción es válida, todo comportamiento no.

4. **Agradece sus mensajes**. Las emociones nos ayudan a tener mejor empatía y mejores relaciones siempre que sepamos gestionarlas.

5. **Concéntrate en tu respiración**. Cuando se te dispare una emoción y quieras controlarla, concéntrate en tu respiración, eso te ayudará.

6. **Profundiza, no la ocultes**. Sin embargo, la respiración no es más que un parche emocional. Tendrás que profundizar en lo que te intenta decir esta emoción para así poder crear un cambio en tus comportamientos.

7. **Aprende de otros**. Siempre que tengas un arranque emocional fuerte, pregúntate: ¿cómo actuaría en mi lugar tal persona?, refiriéndote a alguien que admires en el trabajo o en tu vida personal.

3. AUTOCONFIANZA

EL CASO

Amanda trabaja como directora del departamento financiero de una importante consultora. Este departamento audita las cuentas tanto de los clientes como de la propia consultora. Es Navidad. Parece que cada año llega más pronto; las luces de las calles se iluminan antes, los escaparates de las tiendas están decorados desde mediados de noviembre.

Como si siguieran esa misma tendencia, las cenas de Navidad comienzan mucho antes para lograr reservar en los mejores restaurantes y así ahorrar algo de dinero. Aunque todo ese espíritu navideño le resulta molesto a Amanda, ella no es el señor Scrooge en *Un cuento de Navidad* de Charles Dickens tratando de boicotear las navidades. Ella no odia las Navidades; en realidad le gustan.

Amanda está paseando por la calle con Luke, su hijo de cinco años, y se queda mirando la foto que le acaba de tomar con su iPhone, sentado en las rodillas de Papá Noel mientras observa la piel bronceada que tiene Luke después de su viaje a mediados de diciembre a las Islas Canarias.

La Navidad llega rápidamente, y como la mayoría de diciembres, la productividad de las oficinas es mínima en comparación por ejemplo con noviembre. Por eso Amanda aprovecha y se va de vacaciones; puede irse con su familia sabiendo que no va a pasar nada mientras esté fuera. Por otra parte, cuenta con tres grandes jefes de equipo: Amin, Katie y Phoebe. Amin y Phoebe llevan trabajando en sus puestos un tiempo y tienen a sus grupos bajo control. Katie es nueva en su puesto; fue ascendida dentro del equipo hace cinco meses, ya que Andrew, el jefe anterior, fue reclutado por una firma de la competencia.

Katie tiene seis personas a su cargo, más o menos como todos los jefes de equipo de la compañía. Técnicamente tiene un don y es muy profesional y de confianza, aunque a veces resulta algo seria. Además es una persona muy meticulosa. La única preocupación de Amanda es que puede que apriete demasiado y se pregunta cuál será el precio a pagar por ser así. «Por ahora, sin embargo, todo va bien», piensa mientras Luke le trae de vuelta a la realidad llevándola a tirones a un tren de juguete que recorre un paisaje en miniatura. Ella no debería volver hasta el 28, así que de momento se puede relajar.

. . . .

**Miércoles 26 de diciembre de 2019, 16:04 h
Llega un email al iPhone de Amanda**

**De: Katie Hunt
Enviado: Miércoles, 26 de diciembre del 2017 16:04 h
Para: Amanda Bexely
Asunto: Situación del trabajo**

Hola Amanda,

Espero que hayas pasado unas Navidades agradables. Siento mucho molestarte en medio de ellas. Para ser honesta, quería escribirte antes pero pensé esperar un poco. La verdad es que la situación me desvela por las noches y necesito saber qué piensas tú.

El lunes, que era Nochebuena, Jack y Michael se fueron al pub a comer para celebrar la Navidad. Sé que es normal en estas fechas, pero el problema es que no regresaron al trabajo. Jack iba a coger un vuelo esa misma tarde para pasar las Navidades con sus padres pero ¿aun así? Y Michael, por lo que yo sé, no tenía ninguna razón ni excusa. Todavía no he tenido noticias de ellos.

No sé. Quizás estoy sacando las cosas de quicio pero, en primer lugar, no puedo creer que lo hicieran, ya que tenemos obligaciones con nuestros clientes, plazos que cumplir... y, en segundo lugar, ni siquiera me han escrito o llamado para decirme lo que ha pasado o para disculparse.

¿Puedes enviarme tu opinión cuando puedas? No dejo de pensar en esta situación.

Siento molestarte.

Cuídate.

K

....

Miércoles 26 de diciembre de 2019, 16:12 h

Leyendo el *email*, Amanda toma una respiración profunda. ¿Qué hacer con esto? Después de unos segundos pensando en ello, decide que un *email* no es suficiente. Marca el número de Katie. (1)

–Hola, ¿Amanda?

–Sí, Katie, soy yo. ¡Feliz Navidad! Acabo de leer tu *email* y pensé que llamarte era mejor que escribirte un *email*.

–Sí, lo siento. No puedo parar de pensar en ello. No sé por qué me está afectando tanto.

–Bueno, lo que hicieron fue una estupidez, Katie. Entiendo que te moleste que te hayan hecho eso.

Hay un silencio durante un segundo y finalmente Katie toma un respiro y dice...

—Bueno, sí, es verdad. Considero que si no vienen al trabajo cuando deben hacerlo, ¿qué respeto me tienen a mí y a los clientes?

—Naturalmente tienes razón. No se comportaron de manera profesional pero tienes que tener muy claro que fue su decisión, que tú no tuviste nada que ver con eso. Solo ellos pueden explicar sus acciones. Además, no puedes dejar que te afecte de esta manera.

—Sí, pero soy su responsable.

—Sí, lo eres, pero no puedes resolver la situación trabajando con hipótesis sobre lo que podría haber ocurrido o lo que podrían haber pensado. Solo debes ser responsable de cómo se va a resolver esto y de lo que va a ocurrir hasta que vuelvan. Por cierto, ¿cuándo vuelven?

—El próximo lunes.

—Bien, yo estaré el viernes preparando el nuevo año. ¿Qué te parece si nos sentamos y hablamos del tema?

—Me parece genial.

—Pero tienes que prometerme algo: no puedes seguir pensando en el tema hasta que nos veamos. De momento no puedes hacer nada; no puedes resolver nada, así que continúa con tu vida normal en lugar de pensar sobre este tema. ¿A qué hora te viene bien? Yo estoy libre todo el día. Tengo mi agenda en blanco.

—¿Podríamos vernos a las 10:00 h? Me dará tiempo a leer mis *mails*.

—Sí, perfecto. Te veo entonces.

—Sí, estupendo.

—¿Katie?

—¿Sí?

—¡No lo pienses más!

—Vaaaleee... Gracias por tu llamada, Amanda.

—Cuídate y te veo el viernes.

—Gracias, adiós.

Viernes 28 de diciembre de 2019, 08:53 h

Amanda entra en la oficina por primera vez después de un par de semanas. Su bandeja de entrada está a punto de desbordarse y todos sus esfuerzos por encarar el día con fuerza se disipan de un plumazo. Se sienta en su silla detrás del escritorio, dejando su bolso en un lugar cerca de su perchero. Ve pegado en su ordenador un post-it rosa fosforito. El post-it es de la secretaria del equipo de Amín, Rachel, que ha estado cubriendo a Sonia, la secretaria de Amanda, durante las Navidades. En el post-it se lee:

Hola Amanda,
Espero que hayas tenido unas estupendas navidades.
Tengo un email del «jefe» de la oficina central.
He decidido no enviártelo ya que sabía que estabas de vacaciones.
Tendrá que ponerse en marcha tan pronto como llegues.
Parece como si Sonia se hubiese olvidado de enviar la información antes de irse en Navidad. No pude encontrar nada para enviarle. Lo siento.
Nos vemos pronto.
Rach

Amanda, horrorizada, se encuentra con el peor escenario y comienza a leer el *email* de John, su jefe de la oficina central.

....

De: John Barlow
Enviado: Lunes, 24 de diciembre de 2019 10:14 h
Para: Rachel Yates
Asunto: Informes de fin de año

Hola Rachel,

Estoy esperando los informes de Amanda de final de año para el cliente y el proyecto. Sé que ella está de vacaciones, así que supongo que Sonia me los debería haber enviado, pero no tengo nada. Tengo que presentar todo a los directores esta misma tarde. ¿Puedes entrar en el ordenador de Sonia y buscar los documentos para enviarlos, por favor?

Gracias, y que pases unas buenas Navidades.
John

Amanda no puede creer lo que está leyendo. Ella había terminado los informes y le había pedido a Sonia que se los enviara a John antes de irse de vacaciones el viernes 21 de diciembre. Eran sumamente importantes y ahora ella parece la incompetente. Furiosa, escribe un *email* a Sonia.

....

Viernes 28 de diciembre de 2019, 10:07 h

Katie llama a la puerta de la oficina de Amanda y la ve sentada a su mesa enfurecida trabajando en su bandeja de entrada.

—Lo siento, llego tarde. Tenía una llamada y no podía cortarla —dice disculpándose.

—No te preocupes. He estado ordenando toda la basura que había y no me he dado cuenta del tiempo. —Un atisbo de sonrisa pasa por la cara de Amanda, que hace poco por ocultar la tensión y el enfado que parece tener en su interior y no percibe que Katie parece un poco frágil.

–Cierra la puerta y toma asiento. ¿Quieres agua? (2)

–Sí, está bien, gracias.

–Solo la tengo del tiempo, no está fría, pero puedo conseguirla si quieres.

–No, no es necesario; mi garganta está un poco irritada así que el agua a temperatura ambiente será mejor.

Amanda coge varias botellas de agua que tiene en un armario detrás del escritorio, toma dos y le pasa una a Katie antes de romper el plástico de cierre de la suya y tomar un trago.

–Bueno, dime qué pasa con el problema.

Katie se hunde un poco en su silla, sorprendida por la pregunta, dada la conversación por teléfono de hacía un par de días.

–Bueno, es sobre lo que te conté el miércoles por la tarde.

–Explícamelo un poco más –dice Amanda bruscamente.

–Bueno –empieza Katie, comenzando a sentirse como si estuviese en un interrogatorio–. En Nochebuena, todos nos fuimos al pub a comer, como todos los viernes. Comimos y bebimos para celebrarlo. Yo pagué la cuenta como regalo de Navidad. Nos estábamos yendo cuando veo que Michael y Jack tienen otra pinta en la mano. Era Navidad, así que no le di importancia; el resto nos volvimos a la oficina y ellos dijeron que regresarían en breve, pero nunca lo hicieron –explicó mostrando las manos hacia arriba y encogiéndose de hombros–. No tengo más que decirte sobre esto –finalizó arqueando las cejas como si no tuviera más pistas sobre el por qué del interrogatorio.

–¿Y no has sabido nada de ellos desde entonces? –insiste Amanda.

–No.

Amanda frunce el ceño, se toma un poco de tiempo y recoge una pequeña pelusa de su pantalón.

–¿Eso cómo te hace sentir?

–Bueno, como te dije me viene una y otra vez a la cabeza sin parar. No he parado de pensar en esto. Tampoco he podido dormir –explica Katie, hablando cada vez más alto y más rápido. Amanda se da cuenta de que Katie está muy alterada y necesita que vuelva a los hechos.

–¿Qué está pasando por tu cabeza exactamente?

Katie, casi cayéndose hacia atrás, exclama:

–Perdona, ¿qué?

–Dijiste que tenías muchos pensamientos en la cabeza sobre este tema. ¿Cuáles son esos pensamientos?

–Ah sí, bueno, son muchos; «ellos no me respetan», «¿qué clase de jefa soy si no me respetan?», «¡qué falta de profesionalidad tienen!», «¿qué pensarán los clientes de nosotros?», «¿qué pensarás tú de mí?». No sé, muchas cosas.

–¿Y de dónde te viene todo esto?

–Lo siento. ¿Qué quieres decir? ¿No es obvio?

–No, Katie, no es obvio.

–¿Es que me estoy volviendo loca? No me estoy inventando nada.

–Puede que te lo estés inventando. Eso es lo que veo. ¿Por qué te creerías tú estas cosas? (3)

–Bueno, eso es exactamente con lo que me he encontrado –Katie se levanta de la silla, incrédula–. Lo siento, Amanda, pero siento como que estoy en el lugar equivocado. Necesito tomarme un respiro, perd…

Amanda la interrumpe de una forma brusca pero sin perder el control.

–Siéntate, Katie. ¿Cuándo he hecho algo para hacerte daño? Noto que te duele pero no te estoy atacando. Siéntate y habla conmigo. Perdóname si ha sonado duro. He sido dura por otras cosas pero no por esto. Ha sido injusto, la verdad. En realidad, mejor vamos a tomarnos un respiro y un café. (4)

Katie, todavía petrificada por lo que ha pasado.

–Vamos, coge tu abrigo. No te preocupes por tu bolso –dice Amanda apuntando a la puerta–. Estaré fuera en dos segundos.

Katie sale fuera de la oficina. Es Navidad y todo está medio vacío pero aún siente como si hubiera cien ojos observándola. Un poco más tarde, Amanda sale de la oficina con un abrigo puesto, un bolso colgando del hombro y una gran sonrisa en su cara.

–Vamos, Katie. Hay un mocaccino esperándome en algún sitio. Después de todo lo que he comido estas Navidades, un café con leche no me va a hacer ningún mal.

Katie la sigue y se dirigen a los ascensores para bajar. Están en silencio hasta que Amanda comienza a hablar cuando llegan a la calle.

–Katie, sé que he sonado brusca en la oficina, pero créeme que no lo fui. Solo quiero entender cómo has llegado a estas conclusiones.

–¿Pero no es obvia la falta de profesionalidad por su parte?

–Totalmente. ¡Oops, cuidado con ese coche! –cruzan la calle y andan hacia el Starbucks–. Tienes toda la razón. Estoy contigo al 100% pero quiero saber por qué piensas así. ¿Qué te gustaría tomar?

–Voy a tomar lo mismo que tú. Umm, parece delicioso.

–¿Compartirías un poco de esa tarta de queso conmigo?

Katie sonríe, moviendo la cabeza.

–Sí, venga –asevera dejando escapar una ligera sonrisa.

Encuentran una esquina tranquila con dos sillones mirando a la calle. Las dos se quitan los abrigos y se sientan con su cafés calentándose las manos cuando Amanda empieza la conversación de nuevo.

—Así que entiendes que esto no puede ser, que estés tan afectada con este tema. Solo quiero ver por qué crees todo lo que me has dicho.

—Sí, ¡pero es todo tan obvio! Quiero decir, nuestros clientes tampoco estarán muy contentos, ¿verdad? Van a tener una mala imagen de nosotros.

—Sí, es verdad, pero puede que eso no haya ocurrido. Puede que ellos no se hayan enterado y todavía estemos a tiempo de arreglarlo. Además, Michael y Jack pueden devolver las horas que deben y problema resuelto. ¿Qué más?

—Sí pero aún pue...

—Resuelto Katie, ¿qué más? (5)

Katie, estresada, se precipita:

—¿Qué pensareis de mí como jefa de equipo y de la pérdida de respeto que me han mostrado? Quiero decir, si tuvieran algo de respeto hacia mí.

Amanda mueve la cabeza en desacuerdo y la interrumpe antes de que vaya demasiado lejos.

—Vuelve, Katie. Espera un minuto. Demasiado para una vez. Estoy de tu lado, pero vamos a ir por partes. Ahora vayamos a lo concreto y haciéndolo bien.

—¿A qué te refieres con hacerlo bien?

—Voy a ser honesta, Katie. He oído esta frase de pérdida de respeto varias veces. Me la dijiste por teléfono el otro día y me la has dicho hoy en la oficina. Para mí, que no te sientas respetada o que estés preocupada por lo que piensan los demás de ti como jefa de equipo es mucho más ímportante que el que dos chicos que no vuelven al trabajo en Nochebuena. De nuevo quiero que no me malinterpretes. Eso es importante, pero tú eres más importante para mí por el momento.

—Buueeeno —responde Katie con los ojos como platos.

–¿Estás conmigo en eso?

–Sí.

–Ok, en primer lugar, ¿qué opinas de ti como jefa de equipo?

–Tú probablemente pensarás que soy un desastre.

–Eso lo que dices tú, no yo, Katie. (6)

–Sí pero…

–OK. Dime, en los últimos seis meses, ¿qué he hecho para que tú creas que yo te considero un desastre?

–No sé. Cosas como las de ahora supongo, o cuando no te entregué esos informes antes de la fecha en octubre.

–Esas son cosas que tú has hecho o no has hecho, Katie, no yo. Dime lo que te he hecho yo que te haga sentir que eres un desastre como jefa de equipo.

–Mmm…

–¿Y bien? –insiste Amanda.

Katie se sonroja en el acto mirando la taza de Starbucks mientras araña el logo.

–Nada realmente, lo siento.

Amanda se sienta hacia adelante, hablando suave.

–Honestamente, Katie. ¿Estás segura? No hay ningún problema. Quiero saber, ¿cada cuánto tenemos la oportunidad de salir y hablar tan abiertamente como ahora? Es muy importante que nos abramos en este momento.

–No. No has hecho nada que me haga creer que soy un desastre. Lo siento.

–No hay problema. Pero ahora dime lo que he hecho para hacerte pensar que tú serías una gran jefa de equipo hace seis meses. (7)

–Hacerme mánager de equipo, supongo –dice tímidamente mientras levanta la vista del logo de la taza.

–Bien, ese es un buen comienzo. No te ascendí porque creyera que fueras mala. ¿Qué más?

–Tú has estado siempre ahí para mí.

–¿Cómo exactamente?

–Me llamaste inmediatamente el otro día cuando te escribí ese *email*, tienes una política de puertas abiertas para mí. Siempre puedo pedirte consejo. Me das *feedback* e incluso me agradeces las cosas en público, por *email*, lo que sea...

–Y entonces, Katie, ¿por qué pensaría yo que eres un desastre si todo lo que he hecho es mostrarte tu valía?

–No lo sé. Puede que no me digas cosas cuando crees que he hecho un mal trabajo.

Amanda tira su cabeza contra el respaldo de la silla mirando al cielo y respira con una exasperación.

–Eso es lo que piensas tú, Katie. Eso es lo que te estoy intentando decir. Estás haciendo de esto mucho más de lo que realmente es. Hay cosas más importantes en este asunto que deben ser tratadas y lo que pienso de ti no es ninguna de ellas. Eso me lleva al siguiente punto: ¿cómo sabes que ellos no te respetan?

–No lo sé. Supongo que su forma de actuar, cosas como estas: no regresar al trabajo, no hacer lo que se supone que es su trabajo, no siendo profesionales en general.

–¿No ser profesional es ser irrespetuoso para ti?

–Bueno sí, supongo. En cierto modo –Katie responde sintiendo un poco de inseguridad otra vez.

–¿Qué es un mal profesional para ti?

Katie vuelve a coger su taza mientras contesta.

–No ser serios con el trabajo, ir a su puesto tan relajados que los demás les tengan que cubrir sus errores o finalizar el trabajo que no han acabado o hecho adecuadamente. No sé, puede que sea solo la forma en la que están en la oficina; riéndose y gastando bromas.

–Espera un minuto –dice Amanda con una sonrisa irónica que rompe el hielo que había empezado a amenazar la conversación–. ¿Me estás diciendo que reírse y hacer bromas en la oficina no es profesional?

Sonrojándose y agachando la cabeza, Katie musita:

–Bueno, no exactamente, no es solo eso.

–Así que ¿reír y hacer bromas es aceptable?

–Sí.

–Ok, entonces quédate conmigo un minuto con esto –dice Amanda con una gran sonrisa, suavizando el ambiente todavía un poco más–. Estoy de tu parte, pero quiero analizar todo esto desde un ángulo diferente; puede que no todo sea como tú lo percibes. ¿Estás dispuesta a probar?

–Sí, claro, vamos allá –dice sonriendo.

–Cuando Jack y Michael se fueron al pub en Nochebuena, ¿qué crees que estaban pensando?

–¡¡Eso es exactamente!! –ríe Katie–. No sé lo que estaban pensando.

–Sí, pero tú ya me has dado tu interpretación de la falta de respeto hacia ti y hacia el cliente. ¿Realmente piensas que estuvieron pensando en la falta de respeto hacia ti y hacia el cliente cuando estabais en el pub?

–Bueno no, probablemente no pensaron en absoluto en nada de esto.

–Puede, pero probablemente pensaron algo.

–No sé, puede que solo quisieran divertirse un poco. Era Navidad –continúa Katie–. Probablemente Jack estaba pensando en su vuelo de vuelta para estar con su familia esa tarde. Michael, bueno, él solo sigue lo que hace Jack. Hace un buen trabajo pero no tiene personalidad.

–Claro. ¿Crees que estaban pensando en faltarte el respeto a ti, a tu cliente o al equipo?

–No, pero seamos honestas; ellos deberían haber estado centrados en lo que tenían que hacer.

–¡Exacto! Tienes razón. Deberían haberlo hecho. Pero si solo nos concentramos en eso, ¿qué hicieron mal en Nochebuena?

–¿No pensar? Pero no es solo eso –concluye Katie mirando escépticamente a Amanda, sin estar convencida.

–¿Y qué entonces?

–Bien, ellos están siempre así. Ellos y Anita.

–¿Así que esto no es solo un tema de Nochebuena? Katie, respirando fuerte.

–No, es la gota que colmó el vaso... y el vaso, soy yo.

–¿Así que hay más situaciones además de ese día?

–Sí. Ellos no parece que me tomen a mí, a su trabajo o a ellos mismos, de una forma seria.

–¿Esa pérdida de respeto es de la que hablabas?

–Sí, exactamente.

–¿Hacia ti?

–Bueno, algo así; supongo que es más general.

–Así que ellos no te pierden el respeto a ti en particular.

–No, sí... no sé, quiero decir...

–¿De qué va todo esto, Katie? Sin presión, pero trata de pensar en lo que hacen ellos exactamente para no tratarte con respeto.

–No hay nada, Amanda. Es solo un sentimiento general, supongo.

–Vosotros estabais en el mismo equipo cuando Andrew era jefe, ¿verdad? (8)

–Sí, claro.

–¿Eran diferentes con Andrew como jefe?

–No, supongo que no. Eran los mismos chavalillos que son ahora.

–¿Le faltaban el respeto a Andrew?

–Creo que no. Quiero decir que no sé cómo trabajaban pero...

–¿Pero?

–Pero Andrew parecía tomárselo todo con calma.

–¿Y tú no?

Silencio de Katie.

–¿Katie?

Katie se hunde en su sillón un poco más, suspira y dice:

–Bueno, como dije, este problema fue la gota que colmó el vaso. Estoy un poco abrumada por todo lo que dije.

–Créeme que lo he notado –contesta Amanda con una amplia sonrisa en su cara.

–Sí, me lo puedo imaginar.

–Katie, me has dicho lo que crees que pienso de ti como jefa de equipo y lo que el equipo piensa de ti, pero quiero saber lo que tú piensas de ti misma como mánager. ¿Cómo haces tu trabajo? –Una ráfaga de miedo inunda la cara de Katie y Amanda se mueve rápidamente para disipar sus temores–. Sin trucos, sin problemas. Yo creo en ti; solo quiero saber lo que piensas de ti misma en tu trabajo ahora mismo. (9)

Una tensión visible se desliza por el cuerpo de Katie y de nuevo se amolda en el sillón.

–Quiero ser realmente buena –afirma–. Quiero decir que creo que lo estoy haciendo bastante bien. Definitivamente, tengo mucho más estrés de a lo que estoy acostumbrada. Es duro pero me gusta.

–¿Qué es lo más duro de tu trabajo? –insiste Amanda.

–No lo sé. Quiero decir, como contable estaba acostumbrada a avanzar con mi trabajo, con mis propios niveles de calidad y todo en orden perfectamente. Conozco el trabajo técnico sin problemas.

–Entonces ¿qué es lo más difícil? ¿Qué te causa estrés?

–Amanda trata de obtener una respuesta a sus preguntas.

–Cuando tengo que cuidar de mí misma, todo está perfecto. Ahora, cuidando del trabajo de mi equipo...

–Jajajá –Amanda estalla con una risa–. ¡¡¡Sé exactamente lo que quieres decir!!! (10)

–No creo que la gente me vea como una jefa.

–¿Es eso lo que querías decir con «respeto»?

–Sí, supongo que sí.

–¿Te ves como mánager, Katie?

Katie respira lentamente.

–Supongo que no.

–¿Te respetas a ti como mánager, Katie?

–Creo que no. Nunca seré lo suficientemente buena. No siento que controlo la situación.

–Conozco esa sensación –la interrumpe Amanda.

Katie continúa.

–Y cada uno tiene sus formas de ser y de hacer las cosas. Existen diferentes niveles de calidad y expectativas. Me vuelve loca cuando no hacen el trabajo como se debe hacer.

Amanda la mira con curiosidad.

–¿Qué quieres decir con «como se debe hacer»?

–Quiero decir, de la forma correcta en la que deberían ser las cosas.

–Y ¿quién decide qué es lo correcto y qué no lo es? –La mirada curiosa permanece y Katie parece darse por aludida cambiando de argumento.

–Sí. Ok, sé lo que quieres decir. Estoy un poco confundida ¿no?

–¿Te puedo hacer una pregunta?

Katie gira los ojos.

–¿Cómo me preguntas ahora si me puedes hacer otra pregunta con todas las preguntas que me has hecho ya? Jajajá.

–Sí, lo sé, pero puede que de todo esto salga algo bueno, ¿no?

–Sí, bueno, realmente esto me está ayudando. Continúa, haz la pregunta –dice, echándose hacia adelante, invitándola a continuar la conversación.

–¿Hay cosas que puedes hacer mejor?

–Sí –asiente.

–¿Hay personas que hacen cosas mejor que tú?

–Sí, claro.

–¿Así que no estás haciendo las cosas tan perfectas como los demás o como las podrías hacer?

–No, no completamente. Ok. Veo hacia dónde quieres ir.

–¿Te puedo dar un consejo? –pregunta Amanda. Katie asiente de nuevo–. En lugar de concentrarte en lo correcto o incorrecto, en lo que es blanco y negro, intenta concentrarte en lo aceptable o en lo no aceptable. Te da más espacio de movimiento. Es más flexible. (11)

–¿Quieres decir contabilidad creativa?

–Sí, exactamente, algo como eso, jajajá –dice Amanda divirtiéndose con la naturaleza relajada de la conversación–. Entonces, ¿qué tipo de cosas están pasando en tu equipo que te estresan o te sobrepasan?

–Lo siento, quiero volver al punto de la flexibilidad. Es que me siento exactamente de manera opuesta. Me siento rígida como si mis pies fuesen de arcilla y todo estuviese dando vueltas a mi alrededor. Creo que eso me sobrepasa, no me da una idea general de la situación y me hace sentir inadecuada. No me siento bien conmigo misma.

–¿Como jefa de equipo?

–Sí. Siempre he sido dura conmigo misma, pero especialmente como responsable de equipo. No sé por dónde empezar y no siento que controle la situación. Y eso me hace estar decaída.

–¿No crees en ti misma como responsable de equipo?

–No es eso. Quiero decir que creo que puedo; es solo que no creo que esté en mi mejor momento.

–Sí, entiendo. Lo primero de todo, no es algo que comparta obviamente porque yo te ascendí, porque creo en ti y en tu potencial, no solo como responsable de equipo sino como alguien que puede crecer en esta empresa o en otra en el futuro. Te elegí a ti porque creo que puedes hacer el trabajo por mí. De forma egoísta, si puedo decirlo –sonríe firmemente.

–¿Quieres decir que me estás usando? –comentó Katie devolviendo la sonrisa.

–Totalmente, y necesito estar segura de que exprimo al 100% tu potencial para que hagas incluso mejor trabajo que yo. Echemos un vistazo juntas. ¿Te ayuda el sentirte rígida?

–No mucho.

–Exacto. ¿Cómo necesitas estar?

–Relajada.

–¿Y cómo te relajas?

–Bueno, esto me está ayudando mucho. Me estoy dando cuenta de que estaba poniendo demasiada presión sobre mí misma imaginando lo que tú y otros pensabais de mí. Me quito un gran peso de encima.

–Me alegro, francamente me alegro. Antes dijiste que no sabías por dónde empezar. Así que ahora dime, ¿dónde crees que necesitas empezar para no solo ser una gran mánager sino que también te lo creas?

–¡Qué pregunta más difícil!

–Vamos, Katie. Pongámonos serias. Antes comentaste que no haces todo «perfecto», que hay gente que hace las cosas mejor que tú. ¿Qué cosas son las que hacen mejor?

–Andrew estaba totalmente relajado. Eso estaba muy bien. Todo el mundo se sentía a gusto con él.

–Estupendo. ¿Hasta qué punto era bueno eso?

–Realmente era bueno, aunque supongo que no perfecto. Algunas veces estaba demasiado relajado. Quiero decir que se comportaba como Jack y Michael, y eso era exagerado.

–Estupendo, así que relajado pero no demasiado relajado. ¿Quién más y qué más te gusta de un líder de equipo?

–Ya sabes; me gusta la forma en la que Phoebe maneja a su equipo. (12)

–¿Cómo es eso?

–Ella está relajada pero también sabe cómo poner presión cuando es necesario. Tiene las ideas claras. Sabe lo que es hacer un buen trabajo y lo lleva a cabo, creo –comenta observando a Amanda con una mirada de duda.

–Claro, estoy de acuerdo contigo. Es definitivamente un buen modelo a seguir, pero Phoebe es Phoebe y tú eres tú. ¿Qué harías de manera diferente para crear tu propio estilo?

–Bueno, para mí es importante sentir que hay oportunidades y tú y Andrew lo hacéis. Quiero darle un toque propio para ayudar al equipo a que se desarrolle individualmente y en conjunto.

–¡Estupendo! ¡Suena maravilloso! Así que hazme un favor, dime: ¿qué cualidades clave necesita tener alguien para ser un buen mánager?

–Puff. Eso me pone en el punto de mira.

–Vamos, acabas de decírmelo.

–Estar relajada.

–¿De dónde crees que viene el estar relajada?

–¿De ser perezosa o conformista? –exclama Katie subiendo las cejas y sonriendo.

Amanda suelta una carcajada.

–Bueno sí, pero cuando piensas en personas con mucho talento que dan la sensación de estar relajadas, ¿por qué crees que están relajadas?

–¿Por su confianza?

–Podría ser. Indudablemente creen en sus habilidades.

–Tienes razón. Número uno en mi lista de cualidades para ser un gran jefe de equipo: confianza y creencia. (13)

–Estupendo, ¿qué más?

–La claridad en las funciones y los roles. Es lo que dijiste antes también: lo que es aceptable y lo que no lo es.

–Ok, bien, eso es el número 2, claridad. ¿Cuál es el número 3?

–Lo que tiene Phoebe.

–¿Que es exactamente?

–Asertividad. Voy a necesitar eso, especialmente cuando Jack y Michael vuelvan el lunes.

–¿Cómo de importante es eso?

–Bueno, si hubiera dicho todo lo que tenía que decir, puede que no estaríamos en esta situación. Quiero decir que si necesito claridad para mí, necesito trasladar claridad a mi equipo también, ¿no?

Amanda asiente con la cabeza sin decir nada.

–¿Algo más?

–Sí, el desarrollo individual y del equipo. Necesito poder alcanzar objetivos de equipo y ayudar a cada uno de ellos a alcanzar sus objetivos individuales. Creo que eso me ayudaría a obtener respeto también.

–Muy bien, Katie. ¿Puedes recordar las cualidades que necesitas?

–Sí, creencia, claridad, asertividad y desarrollo del equipo e individual.

–¿Hoy en día tienes esas cualidades?

–Todas estas no sé.

–¿Pero tienes alguna?

–Sí, creo que sí. Bueno espero que sí porque si no habrás cometido un gran error al elegirme.

A Amanda le gusta como está ahora Katie y decide que es un buen momento para profundizar en todo lo comentado y dejarla con un buen estado anímico.

–Voy a enviarte un modelo por *email*. Es bastante claro, pero lo que necesitas hacer es seleccionar ocho cualidades que deberías tener para ser una gran mánager. Recuerda añadir las que crees que ya tienes. La clave está en poner las que consideras que son más importantes. (14)

–Ok, no hay problema.

–Después tienes que puntuar, a nivel de satisfacción, cómo te encuentras con cada una de ellas.

–Correcto y difícil.

–No, realmente no es difícil. Es solo para que veas en qué punto estás y después trabajar en las más importantes. Puede que te ayude, puede que no, pero merece la pena intentarlo, ¿no crees?

–Sí, claro.

–¿Te puedo ayudar?

–No sé. ¿Qué quieres decir?

–Bueno, estoy aquí si me necesitas. (15)

–Ummm.... ¿Podríamos estar en contacto para ver cómo voy mejorando? –comenta Katie respirando con cierto alivio.

–Claro, si no estoy aquí para eso, ¿para qué voy a estar? ¿Cómo vas a empezar con todo esto?

–Puedes enviarme el modelo hoy. Tendré que echarle un vistazo el fin de semana y enviártelo de vuelta por *email*. Tengo que lidiar con los chicos el lunes. ¿Podríamos comentarlo antes de que hable con ellos?

–No hay problema, pero tendrá que ser una reunión durante la comida porque tengo la mañana completa.

–¡Claro! Por cierto, es Año Nuevo. Un buen momento para pasar página ¿no?

–Sí, pero sé cuidadosa, el lunes es Nochevieja. Los chicos podrían querer comer en el pub y que pase lo mismo que el otro día...

—Oh, noooo, tienes razón; voy a convocar una reunión con ellos por la tarde para asegurarme de que vuelven —responde Katie riéndose a carcajadas.

Satisfecha con cómo ha ido todo con y cómo estaba Katie con los movimientos propuestos, Amanda se levanta y dice:

—Creo que será mejor que volvamos. Te veo a las 13:00 h el lunes, ¿vale?

—¡Hecho!

....

Domingo 30 de diciembre de 2019, 22:23 h
Amanda se sienta para leer el *email* de Katie

De: Katie Hunt
Enviado: Domingo, 30 de diciembre de 2019, 19:37 h
Para: Amanda Bexely
Asunto: Modelo completado

Hola Amanda,

Espero que hayas tenido un buen fin de semana. Por favor, mira el modelo completo que te adjunto.

Gracias otra vez por el viernes. Realmente me ayudó. Me siento mucho mejor. Te veo mañana a las 13:00 h.

K.

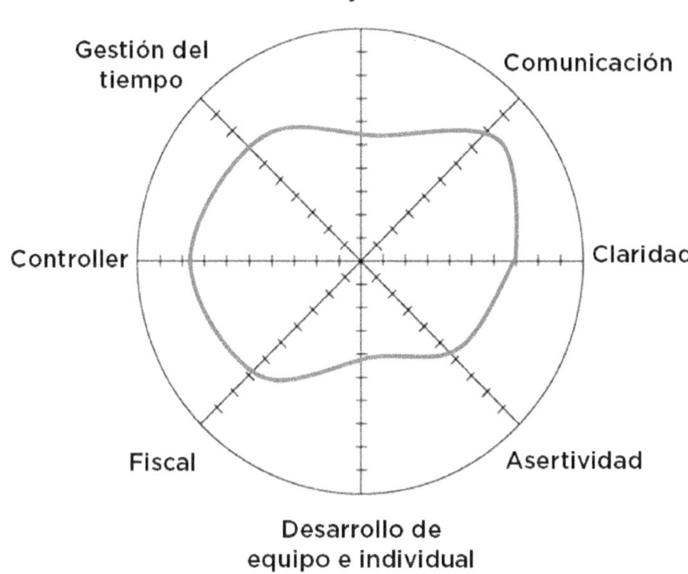

....

Lunes 31 de diciembre de 2019, 12:58 h

–¿Puedo entrar, Amanda?

–Sí, claro ¡qué mañana! Pero al fin tengo las cosas del otro día claras. Pensaba que John me iba a dejar colgada por no tener esos informes antes de Navidad.

–¡Eso está bien!

–Sí, aunque no creo que Sonia esté demasiado contenta. Tengo que tener una conversación seria con ella. Quiero decir que sé que fue un error, pero tengo que ser capaz de confiar en ella para que lo haga.

–Sí, tienes razón. Estoy segura de que fue un *shock* volver al trabajo y encontrarte eso.

–Correcto, pero no soy un monstruo y no soporto el rencor. Por cierto, gracias por enviarme ese modelo. Me gustan las cualidades que elegiste.

–¿De verdad? No estaba segura de si eran las correctas o no.

–No existen «las correctas»; solo las que son correctas para ti y las que te hacen una buena mánager.

–Sí, bueno; creo que muchas cualidades me beneficiarán como persona mientras lo lleve a cabo y no solo como responsable de equipo.

–Oh sí, ¿de verdad? ¿Cómo?

–Bueno, no se me da bien cuando tengo que imponerme a mi familia o mis amigos. Algunas veces necesito tomar el control y estar segura de que conseguiré lo que quiero, o al menos lo que no quiero, tanto si es comer pizza cuando realmente no quiero o simplemente ver una película de acción. Dos cualidades que tengo que mejorar son la comunicación y la asertividad, que se solapan un poco. Si aprendiera esas cualidades, eso me ayudaría en mi vida en general.

–Suena bien aunque algunas veces todos tenemos que hacer ciertas cosas que no nos gustan.

–Es verdad, pero podemos decir «no» en ocasiones o dejar cosas a otros, me refiero a delegar un poco.

–Totalmente de acuerdo. Veo que añadiste habilidades que posees, como algunas técnicas, y también habilidades de sistemas, como la gestión del tiempo.

–Sí, bueno, creo que son necesarias.

–Lo son. Tienes razón pero ¿en qué necesitas centrarte en primer lugar? (16)

–Definitivamente en el desarrollo individual y de equipo. Asertividad y comunicación, en general.

–¿Qué hay de las creencias y de la confianza? Esa es una de las puntuaciones más bajas también.

–Sí, tienes razón, pero creo que las creencias mejorarán cuando todo lo demás mejore.

–¿Cómo es eso?

–Si me reto a mí misma en que puedo mejorar, empezaré a tener más confianza y creeré en mis habilidades.

–Ahora tienes un 5 en creencias. ¿Es suficiente para motivarte e intentar mejorar otras cualidades?

–Bueno, es un 5 de momento –afirmó Katie sonriendo algo insegura por si su honestidad había sobrepasado el límite de lo cursi.

–Ah bueno, eso está genial. Al decir eso me haces sentir como que yo lo estoy haciendo bien también, ¿sabes?

–Me alegro.

–Pero quiero saber algo. Si así es como te ves, ¿realmente crees que eres una buena mánager?

–Sabes que creo que lo seré –confirmó Katie asintiendo con seguridad.

–¿Y qué necesitas hacer para llegar allí?

–Eso es lo que no tengo claro aún. Creo que necesito examinar esas cualidades con mayor detalle.

–¿Y dónde encajo yo en tus planes? ¿Qué necesitas de mí?

–Me gustaría poder hablar contigo cuando no esté segura de las cosas. Puedo enviarte un *email* o llamarte a la oficina cinco minutos.

–¿Eso es todo?

–Podríamos reunirnos una vez al mes para ver cómo voy o dónde estoy. ¿Te parece bien?

–Por supuesto, me parece perfecto, pero por ahora ¿qué vas a hacer? Tienes que reunirte con Jack y Michael esta semana ¿no?

–Sí. Estoy nerviosa.

–Lo sé. De todos modos, ¿qué quieres sacar de esa reunión?

–Supongo que voy a buscar algunas respuestas de por qué lo hicieron y por qué no se pusieron en contacto conmigo más tarde. Creo que me debo concentrar en tres puntos: desarrollar al equipo y mi relación con ellos, comunicarme claramente y escucharles pero siendo lo suficientemente asertiva para estar segura de que entienden cómo me siento y cómo tienen que ir las cosas.

–Suena excelente. ¿Qué te parece tener la reunión con ellos, reflexionar en lo que necesitas hacer para mejorar y nos sentamos el próximo lunes? Después podemos hacer un seguimiento cada mes mientras creas que lo necesites. ¿Qué piensas? (17)

–Me parece genial, Amanda. Muchísimas gracias por todo.

–Adelante, sal y ¡ve a por ellos!

PRINCIPALES ASPECTOS DE COACHING PARA DESARROLLAR AUTOESTIMA Y AUTOCONFIANZA

¿Confundido? Sería normal que estuvieras algo confuso. El título puede que te deje con alguna duda. ¿Cuál es la diferencia entre autoestima y autoconfianza y cómo puede un *líder-coach* distinguir entre las dos?

La verdad es que autoconfianza y autoestima pueden ir de la mano en muchas ocasiones pero hay algunas diferencias cruciales que pueden cambiar la forma en que la situación debería ser manejada, y por consiguiente es importante conocerlas para desarrollar eficazmente a los equipos.

El *coaching* sirve para el desarrollo de habilidades y competencias o para la resolución de algún problema. En el caso de la autoestima, puede que sea un proyecto a largo plazo, algo que sería más propio de un *líder-coach*, ya que puede generar más éxito que un *coach* externo al realizar un *coaching* más constante y consistente y no tan intenso.

Por tanto, ¿cuáles son las diferencias? La autoconfianza es todo lo que tiene que ver con cómo una persona se ve haciendo las cosas, cómo encaja en el mundo lo que hace y cómo percibe el éxito en general. El término «general» es importante tenerlo en cuenta. Cualquiera puede fijarse en una tarea en particular y tener ciertas dudas; esto no tiene nada que ver con la idea de ser seguro o no serlo.

La autoconfianza, como la autoestima, es un sentimiento genérico, no de unas pocas personas. La autoconfianza es importante en el trabajo y dentro de una organización ya que la falta de ella puede conducir a un rendimiento menos optimizado del individuo y, por consiguiente, del equipo, mientras que unos niveles saludables de autoconfianza pueden llevar a satisfacer un rendimiento óptimo y, quizás lo más importante, tener la creencia de poder mover esos límites de rendimiento más allá de la zona de confort.

La autoestima es una «bestia» diferente de la anterior aunque, como he mencionado, a menudo van de la mano. La autoestima tiene que ver con cómo alguien se siente consigo mismo, lo que uno cree de sí mismo y qué puntuación se otorga. Es el sentimiento, en general, de la valía. De nuevo, es un sentimiento «general». Esto condiciona la manera en que nos fijamos en todo en la vida, ya que ello domina nuestras interpretaciones de todo lo que entra en nuestro mundo; esos estímulos entrantes pueden energizarnos o minar la energía que tenemos dependiendo de nuestros niveles de autoestima. Es posible tener una sin la otra, como por ejemplo un excelente comercial que se siente completamente cómodo haciendo sus tareas y con estupendos resultados, y por consiguiente manteniendo confianza, pero ese éxito puede hacer muy poco por incrementar la forma en la que se siente consigo mismo, es decir, su autoestima. De todos modos, lo más habitual es que haya un vínculo entre la baja autoestima y la baja confianza. Y, como aspecto positivo, estos vínculos existen también entre la alta autoestima y la alta confianza, y esto es exactamente lo que los *coaches* deberían buscar.

Antes de proponer soluciones hay que considerar las creencias que puede tener una persona. Tanto la autoestima como la autoconfianza están relacionadas con lo que creemos de nosotros mismos y nuestras habilidades. Cuando llegamos a este mundo no somos más que un lienzo en blanco. Todas nuestras experiencias y la forma en cómo las vivimos se sitúan en ese lienzo hasta que, muy despacio, un dibujo empieza a formarse sobre cómo nos vemos a nosotros mismos y nuestras habilidades. Si hemos experimentado experiencias traumáticas o «negativas», estas empezarán a dominar el dibujo y la forma en la que nos vemos. Finalmente, nosotros mismos nos generamos la autoestima y la confianza. Una vez que un patrón o un estilo se forma, la tendencia también se establece para la mente inconsciente. Y ahora que tenemos la creencia, identificamos y aceptamos los sucesos y los estímulos que ayudan a establecer esta tendencia y excluyen las ideas que van en contra de ella.

Cuando intentamos reconocer patrones de baja autoestima o baja confianza en otros, a menudo podemos buscar señales en la comunicación y en el comportamiento, dos lugares donde las creencias se suelen manifestar.

El diálogo interno de una persona puede ser muy negativo en términos generales, excediendo de algún modo el contexto («*soy un completo desastre*», «*soy un fracaso*»). Se puede también usar el lenguaje sintiendo como que es algo predestinado o impuesto en lugar de tener la creencia de que cada uno de nosotros tenemos el poder de determinar un camino («no puedo hacerlo, tengo que hacerlo», «lo intentaré, pero...»).

Respecto al comportamiento, esas pérdidas de autoconfianza y/ autoestima pueden mostrar un amplio abanico de comportamientos. En general, estos individuos pueden ser más propensos a las emociones negativas como la tristeza, el miedo, la frustración e incluso tener tendencia al nerviosismo. Pueden ser introvertidos o irse al otro extremo haciéndose agresivos y exigentes.

En el lugar de trabajo, estos comportamientos pueden manifestarse, por una parte, evitando tomar responsabilidades sobre las tareas, roles o cualquier cargo que les pueda hacer vulnerables al juicio de otros. En estos casos mostrarán susceptibilidad a algo que pueda llevarles demasiado lejos de su zona de confort, generando ansiedad.

Por otra parte, una pérdida de la autoestima o la autoconfianza puede tener el efecto opuesto en personas que toman una ruta determinada, provocando un tipo de carácter perfeccionista como oposición a un carácter introvertido.

Pueden ocultarse sumergiéndose en el trabajo, aunque quizás no siempre de la forma más efectiva. Este tipo de carácter puede ser útil en algunos individuos, debido a su trabajo de servicio, pero pueden sentirse incómodos aceptando elogios por parte de los compañeros (o de ti como *líder-coach*) solo porque son incapaces de recibir *feedback*.

Lo más importante es esto: la autoconfianza y la autoestima se pueden construir o descomponer. Esto significa que hay cosas sobre las que se puede trabajar y mejorar. Lo que es fundamental es que un *líder-coach* diagnostique la pérdida de una o de ambas, autoestima y autoconfianza y, descubriendo la solución, propicie un entorno que elimine los elementos que pueden estar alimentando la destrucción (tareas muy desafiantes, objetivos inalcanzables, compañeros autoritarios etc.) y ayudar a la persona con el *coaching* a la construcción de estos dos elementos (comprobando tareas bien realizadas, objetivos alcanzables, ayuda con mentores etc.)

La baja autoestima o la autoconfianza se mantienen dentro de la persona ya que van acumulándose con las evidencias que se apoyan en sus creencias. El problema viene una vez que un conjunto de creencias se conectan en nuestra mente y apoyan las evidencias que realimentan las nuevas creencias, por consiguiente implantándose profundamente en la psique.

Esto es verdad en muchos casos: en política, por ejemplo, una vez que establecemos nuestras creencias, seguimos las noticias, campañas, conferencias y nos damos cuenta de las cosas que sostienen nuestras creencias. En un nivel personal, si crees que tu nariz es grande y fea, será algo que busques inconscientemente. Te fijarás continuamente en evidencias y analizarás la forma en la que alguien te mira, por leve que sea, y eso lo podrás interpretar como «Mira, piensa que mi nariz es grande y fea». En el trabajo, donde nuestro rendimiento es a menudo medido o evaluado en sus aspectos clave, puede llegar a ser extremadamente debilitante y abrumador.

Las creencias se pueden cambiar, por supuesto, pero se han formado en el subconsciente a lo largo de grandes periodos de tiempo. No tenemos ni idea de que se han formado dentro de nosotros hasta que nos han marcado tan profundamente que somos conscientes de ellas. Para cambiar una creencia se requiere una voluntad para retarla y un esfuerzo consciente para investigar y buscar una evidencia que la pueda poner en duda.

Aquí es donde el *líder-coach* entra en juego. El primer paso es crear la conciencia y mantenerla para destruir las creencias negativas que nos llevan a una baja autoestima y confianza, buscando la evidencia que reta el *statu quo* en la mente de cada persona y tratando de construir una nueva creencia más saludable que nos lleve a una parte diferente del cuadro.

¿Qué puede hacer el *líder-coach* para ayudar a alguien a demoler un patrón de creencia que afecta negativamente a estos dos aspectos para crear uno nuevo? Se trata de un duro trabajo ya que estos son sentimientos generales acerca de lo que somos capaces o de nuestra valía. Por tanto es importante desmenuzar este concepto en piezas manejables que se puedan manipular y que nos den signos visibles de progreso para continuar por este camino. Como *líder-coach*, podemos fijarnos en promover acciones que liberen a la persona de recuerdos que se han anclado fuertemente a esas viejas creencias, como antiguas formas de trabajar o relaciones de hace muchos años, si esto fuese necesario.

Podemos promover su toma de conciencia, pidiendo a la persona que escuche su diálogo interno durante uno o dos días, o solicitar que escuche su diálogo externo y vea las diferencias. En el lugar de trabajo, podemos invitarle a que observe a un compañero o a alguna persona a la que considere exitosa para ver qué diferencias tiene con ella y copiar los modelos de éxito que pueden funcionarle. Podemos poner el foco en las creencias nuevas que estamos buscando construir, fijándonos en las fortalezas de las personas o en los aspectos positivos que tienen a nivel personal y profesional.

Por otra parte, podemos centrarnos en ampliar la zona de confort con retos que presenten solo un pequeño riesgo para no paralizarlos y ofrecer una recompensa suficientemente buena por cada logro para añadir refuerzo a las nuevas creencias que estamos construyendo. Estos pueden ser retos que suponen riesgo dentro y fuera del lugar de trabajo y pueden ser tan grandes como escalar una montaña o tan pequeñas como tomar una decisión. Cada persona es diferente y en el *coaching* las soluciones serán diferentes, pero ese es el viaje y parte del desafío.

Lo más importante es la paciencia. Las creencias tardan mucho tiempo en formarse y, aunque pueden ser rotas instantáneamente, es normal que cueste romperlas. Después habrá que reconstruirlas como creencias más saludables que promuevan la autoestima y la confianza para lograr la autosuficiencia y que se impregnen de evidencias positivas que confirmen nuestra gran valía y el alcance de nuestras posibilidades.

COMENTARIOS DEL LÍDER-COACH EXPERTO

(1) Amanda recibió un *email* de Katie que mostraba de una manera visible que ella no estaba en un buen momento emocional debido a su situación laboral. En este caso, Amanda hace una llamada, que es un contacto mucho más personal que el correo electrónico. Esto permite que la compasión, la compresión y el apoyo sean transmitidos con un mejor efecto. También facilita el evaluar en qué estado mental está Katie con mucha más precisión. Si fuera en el lugar de trabajo, entonces una reunión en persona sería incluso más beneficiosa para ambas partes.

(2) Después de hacer lo correcto, habiendo tomado contacto personal con la llamada telefónica, Amanda deja de lado su actitud sensible para hacer frente al comportamiento de Katie. Va desde jefa compasiva y comprensiva a insensible y dura. Las preguntas están dirigidas a entrar en el meollo de la cuestión lo antes posible, sin tener en cuenta la forma en que Katie está manejando la situación emocionalmente.

Esto podría llevar a una falta de confianza y a que Katie eligiera tomar la opción de no hablar con una apertura completa, lo que podría terminar dejando la situación sin resolver y en una relación «líder-colaborador» mediocre. Antes de cualquier reunión en persona en la que hay un elemento emocional, en la mente del *líder-coach* debe existir un espacio despejado para que pueda entender los asuntos de su colaborador al 100%. Si esto no se puede hacer en un momento determinado, es mucho mejor posponer la reunión para que ambos puedan centrarse al 100% en el otro. Obviamente, el aplazamiento también debe hacerse de una manera delicada y no postergada por mucho tiempo, ya que lo opuesto puede conducir al deterioro de la situación.

(3) *«Por qué»* es una pregunta muy fácil de usar. Es una pregunta que se hace sin pensar. Es fundamental recordar que la comunicación será tan buena como la respuesta que se reciba. La pregunta de «por qué» es muy clara; sin embargo, la respuesta puede no ser lo que estemos buscando. La pregunta de «por qué» sugiere que estamos pidiendo justificaciones. Si las personas sienten que tienen la obligación de justificarse a sí mismas, eso las puede llevar a un modo defensivo no es favorable para una buena relación o la resolución de problemas. Una pregunta usando la palabra «qué» parece menos intrusiva para el receptor de la cuestión. Por ejemplo, *«¿qué te hizo que votaras por ella?»* o *«¿cuáles fueron las razones para tomar la decisión de votar por ella?»*. Obviamente la entonación y el lenguaje corporal pueden ayudar o dificultar el usar este tipo de preguntas.

(4) El cambio de Amanda fue excelente aquí. Reconoció sus errores rápidamente y logró frenar la situación y el deterioro de la relación. Se las arregló para pedir disculpas y reconocer que había entrado en la reunión

en un estado de ánimo equivocado al no considerar ni abordar las necesidades de Katie. Es honesta explicando de qué forma se había equivocado (la sinceridad y la admisión de la responsabilidad pueden reparar de forma rápida e incluso mejorar las posibles relaciones futuras) y muestra la decisión de cambiar el escenario de la reunión para marcar con claridad la diferencia entre las dos (una que había empezado mal y otra que ella esperaba que funcionara). El lugar que eligió también es cómodo y un terreno neutral puede ayudar cuando la confianza y el buen entendimiento son elementos importantes para las dos.

(5) La gente habitualmente intenta evaluar y razonar las emociones en su mente. Esto a menudo produce la mutación y la multiplicación de los problemas o las situaciones percibidas.

Estos problemas y situaciones que permanecen sin resolver, a menudo, la mente, consciente e inconscientemente, los reproduce de manera continua, lo que hace parecer que el número de problemas y situaciones no resueltas son de una naturaleza interminable.

Esto puede resultar agobiante. Amanda aquí reconoce que Katie ha convertido muchas de sus propias ideas subjetivas en lo que ella cree que es un hecho objetivo. Amanda va disminuyendo la cantidad de problemas a las que Katie tiene que hacer frente en su cabeza: «*Resuelto, ¿qué más?*».

(6) Continuando con la disminución del número de problemas que Katie ha creado, Amanda decide desafiar la base en base a la cual Katie cree que es un problema: «*Esta eres tú hablando, no yo, Katie*». Al desafiar el

razonamiento de la creencia se puede empezar a construir a través de la objetividad.

Por supuesto, esto necesita ser abordado con cuidado para no dañar la relación.

Debes estar preparado para identificar cuál es la preocupación real. Si es así, la añadimos a la lista de «problemas» que necesitan ser resueltos. Si no es así, estaríamos tratando otra preocupación que puede ser eliminada.

(7) Amanda busca equilibrar muchas cosas negativas pidiendo a Katie que busque los aspectos positivos. Está claro que Katie está viendo un montón de problemas y puntos negativos, pero pidiéndole que explore los posibles aspectos positivos, no solo elimina los negativos, que deja como neutrales, sino que convierte el problema en una motivación y un estado de ánimo positivo. Esto puede ayudar a equilibrar el camino, ya que Katie está afrontando diferentes desafíos pasando de la negatividad a la positividad.

(8) Aquí Amanda se centra de nuevo en desarmar los argumentos de Katie al pedirle que mire desde otra perspectiva y compare su situación con la de otros («*¿Eran diferentes con Andrew como jefe?*»). Esto puede resultar muy efectivo, pero también peligroso si empiezas a esperar respuestas concretas o a interpretar lo que las respuestas deberían ser. En este caso, podría ser que los empleados respetaran a Andrew y en cambio no respetaran a Katie; aquí Amanda simplemente estaría confirmando el problema. Eso no es un problema en sí mismo, porque si lo es necesita ser identificado y tratado, pero tenemos que estar preparados para saber que es un problema real y no imaginado o interpretado por Katie.

(9)   Amanda decide preguntar qué opinión tiene de ella misma como mánager. Amanda ha señalado que está condicionada por algunos problemas de autoestima y autoconfianza. Esto puede ser una pregunta muy poderosa que provoca respuestas, pero también necesita ser realizada en el momento adecuado para que tenga un efecto óptimo. En esta etapa, Amanda había consolidado su relación y le había llevado a la pregunta a través de otras (*«¿Cómo te veo como jefa de equipo?»* y, *«¿cómo te ve tu equipo a ti como líder?»*). También se asegura de que Katie confíe en ella antes de permitirle responder con la sinceridad que requiere.

(10)   *«Sé exactamente lo que quieres decir».* Esta simple frase sirve para fijar la confianza y su relación. Muestra comprensión, entendimiento y empatía. Básicamente, Amanda está transmitiendo que estamos en el mismo barco, y si estamos en el mismo tú y yo somos un equipo. Esto es reafirmante y de gran ayuda ya que le permite a Katie sentirse segura, no solo en el resto de las reuniones y conversaciones, sino también en futuras acciones o decisiones que realice desde su posición.

(11)   Mientras que un *coach* profesional puede dar alguna idea con el permiso del cliente, en un papel de *líder-coach* hay mucho más margen para dar consejos. El líder de una organización normalmente tiene experiencia en diferentes asuntos y puede prestar esa experiencia a la situación. Es importante recordar que el *coachee* puede optar por no hacer caso de ese consejo y elegir otra solución que se adapte mejor a sus necesidades. Puede ser una solución híbrida entre algo que había encontrado y una que averigüe gracias a la sesión de *coaching*. Esta nueva idea puede incluso beneficiar

al líder como una mejor solución que la que habían encontrado en experiencias anteriores. Esta es la maravilla del *coaching*. Explorar en pareja o en equipo puede ayudar a descubrir muchas alternativas diferentes. Aquí, Amanda también pide permiso para dar consejos. Esto es ideal, ya que quita la sensación de haber impuesto algo.

(12) El uso de otros modelos a seguir, o mentores, puede ayudar a cuantificar y calificar las cualidades o habilidades que alguien desea obtener. La forma en que estas son implementadas y las consecuencias de tenerlas o aplicarlas son muy visibles. También permite tener un punto de referencia para medirse contra uno mismo. Por supuesto, es importante asegurarse de que si alguien elige un modelo, deben escogerse las habilidades o las cualidades a seguir, no a la persona en su totalidad, y aplicar esos rasgos deseados a su propia personalidad y carácter. Lo que funciona para una persona puede no funcionar para otra. Es posible que sea necesario adaptarlo.

(13) Para alguien a quien le falta autoestima o confianza es importante identificar lo que necesita para sentirse seguro en su trabajo. Redactar una lista es ideal para esto. Lo mismo que una lista se puede utilizar para hacer una serie de problemas o preocupaciones más manejables, una lista de las habilidades y cualidades que se requieren es necesaria para que estas personas se sientan cómodas y seguras en su posición, lo que proporciona una mayor sensación de control. Lo que les falta no es una lista tan interminable como parece, lo que les permite concentrarse y enfocarse en ciertos asuntos por sí mismas o con la ayuda de su jefe, de Recursos Humanos, etc.

(14) Al igual que la lista, Amanda decide utilizar un modelo para Katie, no solo para enumerar las cualidades y habilidades necesarias, sino también para medir lo bien que lo está haciendo en cada una de ellas. Permite la creación de siguientes pasos y un proceso claro para la consecución del nivel requerido y deseado. Esto ayuda a construir la autoestima y la confianza, a la vez que se aprecia el avance con claridad.

(15) Amanda aquí establece su posición de apoyo a Katie, ya que entiende que no está en un viaje ella sola, sino las dos juntas. Esto añade fuerza y convicción a Katie. Su autoestima y su confianza están impulsadas por el apoyo que tendrá de su jefe hasta que haya fomentado la suya propia.

(16) Una vez que Katie ha identificado las cualidades que ella necesita para ser una buena jefe de equipo, Amanda intenta acortar la lista estableciendo prioridades. Antes Katie estaba abrumada con la interminable cantidad de problemas. Aquí, Amanda busca crear el enfoque en un número limitado de cosas.

(17) Por último, acuerdan volverse a ver de nuevo. Esto refuerza la seguridad de Katie, sabiendo que tiene una cantidad limitada de tiempo antes de recibir el apoyo de nuevo de Amanda, a pesar de que ella sabe que puede estar en contacto y tener esa ayuda durante este período. Da seguridad y tranquilidad saber que el apoyo está allí. Ella no se ha quedado colgada con «Cuando tenga tiempo, hablaremos…». Sin ansiedad, todo está mucho más claro.

BREVES RECOMENDACIONES FINALES SOBRE LA AUTOCONFIANZA

1. **La falta de autoestima o de autoconfianza son conceptos diferentes.** Recuerda que la autoestima es la forma en la que alguien se califica a sí mismo, el valor de sí mismo en términos generales. La confianza en uno mismo se corresponde con la creencia en la propia capacidad de llevar a cabo las tareas, es decir, creerse capaz. Ambos conceptos pueden ir de la mano de forma positiva o afectarse negativamente el uno al otro. Comprender esto puede ser una herramienta clave para un *líder-coach*.

2. **La autoestima y la confianza pueden ser construidas o destruidas**. Son dos fenómenos que están anclados en el marco de las creencias sobre uno mismo y en las capacidades. Las creencias pueden ser negativas o positivas dependiendo de cómo afecten a la vida de una persona o a parte de su vida como el trabajo, los *hobbies* y las relaciones. Construyendo las creencias positivas y rompiendo las creencias negativas podemos aumentar la autoestima o la confianza en uno mismo.

3. **Manténgase alejado del «¿por qué?»**. Las creencias, que forman la estructura de la autoestima o la autoconfianza caen en el subconsciente, y a menudo la persona que carece de autoestima o confianza no es consciente de las razones que hay detrás de sus creencias o forma de pensar. Una pregunta como «¿por qué piensas así de ti mismo?» se convierte en una cuestión pobre que puede hacer que alguien se sienta muy incómodo, no porque esos sentimientos e ideas no necesiten ser investigados

sino porque un «¿por qué?» es una pregunta que conlleva un mensaje de «justifica tu forma de pensar» y puede ser considerado acusatorio, especialmente con las personas que son emocionalmente más vulnerables.

4. **Centrar el objetivo**. La carencia de autoestima o confianza en uno mismo implica trabajar en un contexto general y global, dado que ambas habilidades se basan en valores y capacidades generales. Para cambiar las creencias debemos ofrecer la evidencia de que otra manera de pensar puede desafiar a la antigua creencia. La mejor forma de afrontar esto es hacer que los individuos se centren en áreas específicas de la vida o en roles y tareas concretas. Ahí pueden centrar sus esfuerzos y atenciones para tener éxito y así medir y celebrar esos éxitos con el fin de desafiar el *statu quo*.

5. **Destruir para construir**. Con el fin de tener una alta autoestima o confianza, puede ser necesario demoler lo que ha habido antes para volver a un lienzo en blanco, en lugar de construir sobre una base que no es tan sólida como debería ser. Destruir las creencias negativas primero y crear a partir de una base sólida es un modelo mucho más sostenible, pero también un modelo que lleva su tiempo. A partir de una obra o un punto de vista más organizativo, el *líder-coach* debe ofrecer apoyo consistente y constante. Quizás no requiera sesiones intensas, pero sí un apoyo más continuo y unos objetivos bien reflexionados junto a unas tareas adecuadas para el individuo en cuestión.

4. DELEGACIÓN

EL CASO

Marta es una directiva de uno de los principales grupos de telecomunicaciones del país. Ahora está en un puesto que para ella es muy cómodo, ya que previamente venía de trabajar del mundo de la consultoría donde, según ella, el día a día es mucho más agresivo. En general los comportamientos de sus compañeros y de su equipo son de extrema tranquilidad a la hora de tomar decisiones y eso le pone un poco de los nervios.

Marta es muy activa en su puesto y a primera vista bastante visceral, característica que suele trabajarse mucho para no «comerse vivos» a sus colaboradores.

Uno de ellos se llama Marc y es una persona que lleva mucho tiempo en la organización.

Marc se dedica a la línea comercial del departamento y a su vez tiene un equipo de 7 personas. Estas 7 personas, según la percepción de Marta, están trabajando a un ritmo muy por debajo de su carga de trabajo, no por su culpa, sino porque Marc tiene grandes problemas para delegar sus tareas ya que es muy perfeccionista y prefiere hacer las cosas a su manera más que pasárselas a su equipo, lo que conlleva a una pérdida de productividad en ese grupo.

Marta ha decidido empezar a reunirse más asiduamente con Marc para mejorar su desempeño y que comience a delegar en su equipo, aunque no sabe muy bien cómo hacerlo y tiene muchas dudas.

De Marta Calleja
Enviado: 8 de marzo de 2019, 9:23 h
A: Marc Spont
Asunto: Vernos hoy?

Hola Marc,

Me acaban de llegar las encuestas de clima de Recursos Humanos y me gustaría poder hablar contigo de las correspondientes a tu parte.

Estoy haciendo esto con el resto del equipo como todos los años, así que si tienes un momento me gustaría verte a lo largo del día

Gracias.

Marta

....

De Marc Spont
Enviado: 8 de marzo de 2019, 9:29 h
A: Marta Calleja
Asunto: Vernos hoy?

Hola Marta,

Sin problemas. ¿Me paso por tu oficina en 30 minutos?

Marc

....

De Marta Calleja
Enviado: 8 de marzo de 2019, 9:35 h
A: Marc Spont
Asunto: Vernos hoy?

Perfecto! Estaré en mi despacho.

Marta

Fecha: 8 de marzo de 2019
Hora: 10:07 h
Lugar: Despacho de Marta

–¿Marta? Ah, estás ahí, no te veía detrás del perchero.

–Sí, perdona, es que estaba tratando de encontrar la cartera y no sé dónde la he puesto. ¡No sé dónde tengo la cabeza últimamente!

Marc, sin ningún tipo de expresión en la cara, se sienta tranquilamente en una de las sillas del despacho de Marta con la mirada perdida hasta que esta se acomoda en su silla de cuero negro, al otro lado de la mesa.

–Bueno, Marc, muchas gracias por venir con tanta rapidez.

–Tranquila, los viernes ya sabes que son más tranquilos.

–Ok, entonces mira. Estas son las últimas encuestas de clima. (1)

Marta gira su ordenador portátil para que Marc pueda ver todo el informe.

–Como puedes ver, los resultados no son los que esperamos en este tipo de empresa. Además, no sé si sabes que este año todos los resultados saldrán publicados en la Intranet.

–No lo sabía. La verdad es que no entiendo esta nueva política de Recursos Humanos de poner verde a todo el mundo públicamente, pero en fin.

Marc se queda unos segundos callado mientras analiza todo el informe con una leve expresión de asombro en la cara.

–Y ¿qué es lo que no ves tan bien, Marta?

–Yo creo que el área que más llama la atención en este informe es la delegación. La respuesta a la pregunta «¿Mi jefe delega tareas en mí de manera eficiente y regular?» es muy baja; 6 de 7 personas responden nunca o casi nunca.

–Por supuesto que es así. En el área que llevo yo no hay otra forma. Tiene que haber una persona experta controlando que el CRM esté perfectamente organizado. Mi plantilla es muy junior porque la empresa no se quiere gastar el dinero en personal senior como yo, así que no veo rara esa respuesta.

»El problema de este tipo de encuestas es que tratan a todo el mundo por igual y no personalizan. ¡Típico de Recursos Humanos claro!

Marc dirige su mirada hacia otro lado de la sala tratando de esquivar la mirada de Marta. Está muy enfadado con este tipo de evaluaciones, que en su opinión no sirven para nada.

–Marc, creo que te estás justificando. Las encuestas de clima han salido mal, realmente muy mal, y tu delegación es pésima viendo estos datos. O te pones las pilas con este asunto o no sé qué voy a tener que hacer. Cada vez que veo a personas de tu equipo en el departamento, la mitad del tiempo están en el correo personal o trabajando a un ritmo lamentable, y ahora mismo no estamos como para desperdiciar el tiempo. (2)

–Te lo he repetido muchas veces, Marta. Desde que has llegado aquí, no has hecho más que tratar de imponer un ritmo de trabajo que no es el propio de este tipo de empresas. Somos el único departamento que trabaja a destajo. Quizás en consultoría se trabaje como lo haces tú, pero aquí se trabaja mucho con la cabeza, se piensan tranquilamente las decisiones y así se minimizan los errores. Para todo mi equipo el mejor estilo de trabajo es el que me he trabajado desde hace años y como tienen tan poca experiencia, tengo que estar encima de lo que hacen todo el tiempo. Me parece que te tienes que adaptar un poco más a esta empresa.

–Marc, creo que no estás viendo el impacto que tienen estas encuestas. Tenemos que ir mejorando esto o podemos tener problemas a medio plazo.

–¿Quieres que mejore? Cámbiame el equipo y pónme otro que tenga más experiencia.

–De sobra sabes que no es posible. El equipo de trabajo que tienes es el que es y punto, no hay vuelta de hoja. Tienes que empezar a delegar sí o sí. No tienes otra opción. Espero que te estés dando cuenta de que no quiero que delegues porque a mí me da la gana. Es una sensación que ya tenía y que se ha reflejado con las encuestas. Ya te lo he dicho antes. Ponte las pilas con todo esto –dice Marta en un tono agresivo y con una mano apuntando directamente a Marc.

–Está bien. Donde hay patrón no manda marinero. ¿Quieres que me ponga las pilas? Pues me las pondré. ¿Quieres que delegue? Pues delegaré.

–No te estoy pidiendo que delegues todo tu trabajo ahora. No cojas este consejo como un extremo de lo que tienes que hacer. Digo que tienes que empezar a delegar o si no Recursos Humanos hablará directamente conmigo y puede que contigo también. Creo que ni tú ni yo queremos esto.

–Recursos Humanos se podría encargar de lo que tiene que hacer bien, que es dar formación a la gente, y no de meterse dentro de las áreas, justo donde no tienen ni idea. ¡No hacen más que entrometerse donde nadie les llama!

Marta mira fijamente con cara de cansancio a Marc sin decir ni una sola palabra hasta que este vuelve a hablar.

–Bueno ya está ¿no? Me ha quedado claro. No tengo nada más que decir; delegaré, si es lo que quieres.

–Muchas gracias, Marc. (3)

Marc se levanta como un niño al que le han puesto un castigo y sale del despacho de Marta sin decir palabra.

Marta se queda preocupada ya que tiene fama de ser muy dura y ha escuchado varias veces que le llaman la «dama de hierro», aunque esto no le importe porque sabe que todo puesto de responsabilidad tiene sus consecuencias.

Tres semanas más tarde vuelve a llamar a Marc a su despacho para ver cómo sigue con sus tareas de delegación. También quiere hablar con él sobre algunas quejas de clientes de su área.

....

De: Marta Calleja
Enviado: 29 de marzo de 2019, 8:22 h
A: Marc Spont
Asunto: Me gustaría verte cuando puedas

Hola Marc,

Me gustaría poder verte hoy y analizar cómo han ido estas últimas semanas de trabajo.

¿Cómo te viene hoy por la mañana?

Marta

....

De: Marc Spont
Enviado: 29 de marzo de 2019, 8:41 h
A: Marta Calleja
Asunto: Me gustaría verte cuando puedas

Voy en cuanto acabe con unas llamadas urgentes. Dame un par de horas.

Marc

Fecha: 29 de marzo de 2019
Hora: 11:04 h
Lugar: Despacho de Marta

–¿Se puede? –pregunta Marc antes de entrar en el despacho de Marta al verla hablando por el teléfono.

Marta le hace un gesto invitándole a cerrar la puerta de su despacho y a sentarse mientras sigue hablando por teléfono.

–Gracias, Steve; te llamaré en cuanto lo tenga. Sabes que esto tarda bastante y la aprobación de los presupuestos no depende de mí. Cuídate mucho. *Ciao*. Perdona, Marc, ya estoy contigo.

–Tranquila Marta, no quería interrumpirte. Bueno, ya estoy aquí. ¿De qué querías hablar exactamente?

–Quiero hablar contigo de un tema que me tiene preocupada. Es sobre los últimos errores en las facturas que hemos emitido a….

–Espera, no vayas tan rápido. No quiero tener ningún tipo de responsabilidad sobre las últimas facturas emitidas.

–¿Cómo que no quieres tener responsabilidad sobre tus facturas emitidas? –dice Marta en un tono fuerte y con el ceño fruncido.

–Lo puedes escuchar así o como te dé la gana, pero no quiero ningún tipo de responsabilidad sobre esos temas. Tú me dijiste que delegara y ahí tienes las consecuencias de delegar con un equipo incompetente. Que, por cierto, no tiene ninguna culpa de todo esto. Como ya te dije, no tienen experiencia y este es el precio que estamos pagando: facturas con múltiples errores. Así que creo que podemos corregir todo esto antes de que sea demasiado tarde. (4)

–Vamos a ver, Marc. Que delegues tareas en tu equipo no significa que te puedas lavar las manos como si este tema no fuese contigo. Es tu equipo y el máximo responsable del mismo eres tú.

–Soy el máximo responsable siempre que pueda hacer las cosas a mi manera. En el momento en el que tú me dices cómo debo hacer mi trabajo, tú misma te conviertes en la responsable, no yo.

–Esto es increíble –exclama Marta con una sonrisa irónica y de enfado–. Yo te dije hace unas semanas que debías delegar, no que pasaras de hacer tu trabajo y de controlar lo que ocurre dentro de tu equipo, que es parte de tu responsabilidad. Tienes que seguir supervisando las tareas de tu equipo. El hecho de darles tareas no significa que dejes de controlar la calidad de lo que haces.

–Entonces, Marta, ¿qué debo hacer ahora? ¿qué me sugieres? –le espeta Marc con tono desafiante.

–No te pienso decir cómo tienes que hacer tu trabajo. Tú sabes perfectamente cómo hacerlo. Estás teniendo un comportamiento intolerable y no te voy a permitir estas formas, Marc, te lo digo completamente en serio. Quiero verte la próxima semana y analizar qué has estado haciendo para corregir todo esto. (5)

–Me parece bien. A partir de ahora lo haré a mi manera.

Marc se levanta de la silla con cara de enfado y cierra la puerta del despacho de Marta. Ella no da crédito a lo que ha pasado y se lleva las manos a la cabeza pensando cómo solucionar todo este lío.

Después, tranquilamente y tomándose un café en la máquina expendedora de bebidas de la empresa, piensa en una conferencia sobre actitud que recibió hacía unos meses.

La impartió una mujer de una empresa que trabajaba aspectos de liderazgo y *coaching*, así que decide ponerse en contacto con esta compañía para pedirle asesoramiento y que la ayuden a salir de este agujero que siente que no tiene un desenlace fácil.

De: Marta Calleja
Enviado: 29 de marzo de 2019, 16:27 h
A: Coach&Leadership
Asunto: Mejora de liderazgo

Buenas tardes,

Me pongo en contacto con ustedes para saber si pueden ayudarme en un caso con uno de mis colaboradores, ya que no sé cómo proceder.

Les conozco por una conferencia sobre motivación que dieron en nuestra empresa y me llamó la atención su ponente, que creo que se llamaba Laura Pons.

Les agradecería su pronta respuesta para solucionar rápidamente mi problema

Muchas gracias.

Marta

....

De: Laura Pons
Enviado: 30 de marzo de 2019, 9:17 h
A: Marta Calleja
Asunto: Mejora de liderazgo

Hola Marta,

Muchas gracias por ponerte en contacto con nosotros. Por supuesto que te podemos ayudar.

Ya que has preguntado directamente por mí, si te parece podemos trabajar juntas.

Yo realizo el *coaching* ejecutivo a distancia, por lo que si usas Skype podemos tener la primera sesión mañana por la mañana cuando mejor te venga.

Si estás de acuerdo, aviso a mi secretaria para que te pase las condiciones económicas y empezamos sin demorarlo más.

Un saludo,

Laura Pons

....

De: Marta Calleja
Enviado: 30 de marzo de 2019, 10:29 h
A: Laura Pons
Asunto: Mejora de liderazgo

Me encantaría poder empezar ya.

Envíame las condiciones económicas y, si me encajan, mañana mismo quedamos por Skype a las 10:00 h.

Muchas gracias Laura.

Marta

....

Sesión de Skype entre Laura Pons y Marta Calleja
Fecha: 30 marzo 2012
Hora: 10:01 h

–¿Hola Laura? ¿Me oyes?

–Sí, hola buenos días, Marta. ¿Cómo estás?

–Un momento, que te escucho con un poco de ruido. –Laura ajusta su clavija del auricular en el ordenador que estaba un poco suelta–. Ahora te escucho perfectamente. Muy bien, gracias. Un poco rara porque nunca he hecho antes una sesión de este tipo por teléfono, quiero decir por Skype.

–Bueno, no te preocupes. Lo importante es que me escuches bien, que estés tranquila en un lugar donde nadie te pueda interrumpir y que puedas hablar con total confianza.

–Sí, todo eso lo tengo. He cerrado mi despacho y he pedido que nadie me moleste durante estos 45 minutos.

–Perfecto. Entonces cuéntame. ¿Qué te ha traído a esta sesión conmigo?

–Pues te cuento. Trabajo en una empresa de telecomunicaciones desde hace más de cinco años y tengo un equipo de trabajo con los que en general estoy contenta. Sin embargo últimamente tengo problemas con uno de ellos. Se llama Marc y es una persona que no sabe delegar; además, se pone de uñas conmigo si le digo que lo haga. No sé cómo hacerlo. Estoy perdida. Y por eso he decidido llamaros. Creo que me puedes ayudar mucho con este problema porque yo no he recibido ningún tipo de formación de cómo llevar equipos y me siento muy perdida.

–Ok, entiendo, Marta. ¿Concretamente qué quieres conseguir con Marc?

–Quiero que aprenda a delegar y yo, por mi parte, quiero poder tranquilizarme y no arañar la mesa cada vez que me siento con él. Me saca de mis casillas. Es una persona demasiado directa y agresiva.

–¿Qué has hecho hasta ahora con él?

–Pues…. he tenido dos reuniones y le he dicho que se ponga las pilas y que tiene que empezar a delegar. No sé qué hacer, la verdad.

–¿Y qué ha ocurrido?

–Se ha puesto como un loco casi gritándome; te digo casi porque a mí no me grita nadie en el trabajo. ¡Vamos, faltaría más! Después se ha puesto a delegar sin ningún tipo de control sobre lo que hacía para que su equipo fallara, estoy convencida. Entonces ha pasado lo que tenía que pasar: ha habido problemas con los clientes y ahora él no quiere asumir la responsabilidad de los errores de su equipo. La verdad es que me pongo enferma con solo contártelo.

–Marta, ¿qué te parece probar con un estilo más *líder-coach* en lugar del que has utilizado tú?

–Estoy encantada de poder escuchar lo que me digas. Ya te he dicho que estoy perdida. Y no tengo mucha idea de qué trata ese estilo.

Laura le enseña a Marta algunas técnicas de preguntas para crear el estilo de *líder-coach* y además le da pautas para saber delegar.

Se despiden cordialmente y quedan en volver a hablar en otra sesión después de la siguiente reunión con Marc.

Marta le solicita a Marc una reunión por *email*, donde ella quiere poner en práctica todo lo aprendido con Laura.

Fecha: 2 de abril de 2019
Hora: 9:04 h
Lugar: Despacho de Marta

–Hola Marc

–Hola Marta. ¿Qué tal?

–Bien, todo bien, gracias. –Marta se sienta en una de las sillas al lado de Marc–. ¿Cómo te han ido estas semanas con tu equipo? (6)

–Bueno, pues mejor. Ahora que estoy usando mi método, mucho mejor.

–Me alegro, Marc. Siento lo que ocurrió el otro día entre tú y yo. Creo que no nos hemos entendido bien. Sin embargo me gustaría volver a tocar el tema de la delegación contigo porque...

–Basta, Marta. ¡Basta ya! No quiero empezar de nuevo.

–Espera, Marc. Quiero ayudarte con este tema. Primero quería disculparme por las otras dos veces que nos hemos reunido; creo que no supe llevar la conversación contigo. Ahora necesito que me escuches un momento. (7)

»Como sabes, las encuestas de clima han salido por debajo de las expectativas de la empresa, sobre todo en el punto de delegación, y Recursos Humanos me ha pedido que trabaje esto contigo. Quiero apoyarte en este sentido y saber qué necesitas exactamente. Pero antes de empezar quiero saber un poco más sobre la delegación que has hecho y tu trabajo en general. Aunque yo prácticamente conozco todas las funciones que desempeñas, necesito saber cuáles son las tareas de tu trabajo, si las tuvieses que enumerar una a una. (8)

–Pues…. ¿te refieres a mis tareas en general?

–Sí, a las tareas que desempeñas en tu trabajo cada día. Puedes hacer el repaso un día normal para saber qué haces exactamente. Esto te puede ayudar.

–Yo me encargo de coordinar al equipo comercial, sobre todo que hagan sus visitas y controlar el número de ventas de cada uno. Me dedico también a facturar a los clientes más importantes y revisar las incidencias en el servicio con estos y, no sé… aparte de tener reuniones con ellos y contigo, no caigo en nada más.

–Perfecto, Marc. Y de todas estas actividades que tienes, ¿cuáles son las más importantes?

–Ummmm –se queda mirando al suelo, pensativo durante unos segundos–. Creo que la coordinación del equipo y controlar el número ventas de cada uno de ellos. Aunque por otra parte comprobar las facturas de los grandes clientes también es importante, sobre todo porque, cuando hay incidencias fuertes, los clientes quieren hablar conmigo. No es que yo tenga especial interés en ello pero ellos quieren comunicarse con un responsable. Vamos, que si tu pregunta va dirigida a identificar qué poder delegar, creo que es bastante complicado. De hecho sabes que hace unas semanas delegué la facturación de los grandes clientes y se montó una bastante gorda.

–¿Qué haces antes de delegar, Marc?

–No te entiendo. No hago nada. Llamo a una persona de mi equipo simplemente.

–¿Y cómo eliges a esta persona?

–Bueno, claro que hago algo antes. Pienso en quién es la persona más indicada para realizar este trabajo.

–Y ¿cómo sabes que es esta y no otra?

–¡Pues porque es mi equipo! Si no conozco yo a mi propio equipo, entonces ¿quién lo conoce? –responde Marc con cierto enfado.

–Sé que conoces bien a tu equipo, aunque me refiero también a ¿cómo sabes que a esta persona le gustaría hacer este trabajo y no a otra?

–No lo sé. Yo puedo saber quién es la persona mejor preparada pero no sé si a otra le puede gustar más. Supongo que lo intuyo.

–Y de una forma más certera, ¿cómo puedes saberlo?

–Bueno, puedo reunirlos a todos y preguntarles quién quiere realizar esta tarea y que ellos decidan. Pensándolo bien, a mí me da igual quién la realice; lo único que quiero que estén comprometidos y que el trabajo salga bien.

–Bien, Marc, y después, ¿qué paso realizas?

–Pues le explico a la persona qué tiene que hacer y cómo lo tiene que hacer. Eso es lo que hice la otra vez.

–¿Cómo te sentirías si yo te mandara trabajo y te dijese exactamente cómo quería que lo hicieras?

–Creo que hay que tener ciertas directrices. No lo veo mal, aunque no me gustaría que me dijeses cómo hacer mi trabajo con pelos y señales.

–¿Dónde está el punto intermedio para ti?

–Pues ahí, en el punto medio, en negociar la forma.

–Si alguien de tu equipo te diese los resultados que esperas pero la forma de realizarlo fuese diferente a la tuya, ¿qué pensarías tú?

–En un principio me daría igual. Lo que me importa es que el trabajo salga bien. Ah, ya sé por dónde vas… ¿Quieres decirme con esto que el cómo se hagan las cosas no es tan importante?... –Marc se queda unos segundos en silencio pensativo con la mirada hacia el suelo–. Visto desde ese punto de vista puede que tengas razón.

–Entonces, más que del cómo, ¿de qué necesitas hablar con tu colaborador?

–Necesito fijar los estándares que quiero conseguir y los niveles de calidad. Eso no lo quiero negociar. Yo soy de los que opinan que las cosas o se hacen bien o no se hacen.

–Me parece bien cómo lo planteas. Ahora bien, una vez llegados a este punto, ¿cómo planeas hacer el seguimiento de esas tareas?

–Bueno, en mi opinión, si delego algo no tengo que hacer ningún tipo de seguimiento. Eso puede agobiar mucho a la persona.

–Marc, ¿sabes la diferencia entre delegar y abdicar?

–Claro que la sé –con una medio sonrisa–. Abdicar es «enmarronar» a alguien con una tarea. Sé por dónde vas; sin embargo creo que es mejor que el colaborador me pregunte si necesita algo.

–Si lo haces puede ocurrirte lo que te pasó hace unas semanas. Puedes perder el control. ¿Qué se te ocurre para hacer seguimiento sin agobiar a la persona?

–No lo sé.

–Piensa un poco en esto.

Marc de nuevo se queda pensativo durante unos segundos y Marta, sin decir ni una sola palabra, también espera pacientemente la respuesta. (9)

‒No sé, se me ocurre que puedo llegar a un acuerdo con el colaborador y preguntarle qué sistema podemos poner para que no se agobie y que yo pueda saber cómo va la facturación ¿verdad? ¡Creo que es eso! Pero solo lo haré al principio ya que después de un tiempo no creo que sea necesario. Tú prácticamente no controlas mi trabajo, tú confías en mí.

‒Sí, es cierto, Marc, pero aunque no te controle sí veo lo que estás haciendo y me entero de todo lo que ocurre en el departamento. Necesito tener una visión global.

‒Tienes razón, eso es lo que necesito. Tener una visión global de mi área y de lo que hace mi equipo más que el detalle de todo lo que hacen.

‒Me parece muy bueno ese punto de vista. Y una vez acabada la tarea y cada cierto tiempo, ¿qué se te ocurre que puedes hacer?

‒Aquí ayúdame, Marta. Ya no sé qué responder.

‒Bueno, te ayudaré. Algo muy importante a tener en cuenta es que la delegación de tareas a los colaboradores debe ser algo continuo. Una parte de tu trabajo es saber delegar y desarrollar a tus colaboradores, además de que tienen que recibir *feedback* por tu parte.

‒Ah sí, claro. Me parece buena idea. Lo que puedo hacer es que cada mes me puedo reunir con cada uno de ellos para ver cómo han ido esas tareas, si tienen dudas o mejoras. Aunque de todos modos al principio estaré un poco más encima de ellos para que no se sientan muy solos. Creo que a mí me gustaría que fuese así.

‒Entonces, Marc, ¿qué vas a delegar en tu trabajo?

‒De momento voy a empezar con una persona a la que le voy a dar la facturación de los clientes principales. No voy a elegir a nadie como había pensado en un principio. Voy a decírselo a todo el equipo en la reunión semanal y que ellos elijan libremente.

–Perfecto. ¿Lo dejamos aquí entonces?

–Sí, por mi parte lo dejamos y ya te contaré más adelante cómo han ido las facturas. ¡Cruzo los dedos! Que noooo… es broma. Muchas gracias, Marta, y disculpa por las últimas semanas; creo que estábamos demasiado tensos tú y yo para hablar tranquilamente.

–Tranquilo, Marc. Que tengas un buen día.

–Igualmente, Marta.

PRINCIPALES ASPECTOS DE LA DELEGACIÓN

Una de las principales razones de la desmotivación de los empleados en las empresas es la falta de delegación. Cuando un jefe no delega en sus colaboradores está emitiendo un mensaje claro: «no confío en mi equipo» o «yo al final yo lo hago mejor y más rápido».

Ahora bien, detrás de la falta de delegación existen aspectos del jefe o directivo que es conveniente analizar:

- **Inseguridad**. En muchas ocasiones el mánager puede sentir que si alguno de sus colaboradores es muy bueno desempeñando las funciones que él realiza, en un futuro puede quitarle el puesto. Son las empresas las que tienen que dedicar esfuerzos para evitar estas situaciones. Además, el mejor mánager es el que tiene un equipo de alto rendimiento y para ello tendrá que ayudarle a crecer.

- **Falta de organización**. Delegar conlleva dedicar mucho más tiempo y esfuerzo que hacer las tareas por uno mismo. Esto está claro. Sin embargo, con una visión de medio y largo plazo los beneficios hablarán por sí mismos.

- **Obsesión por el control de los detalles**. Este punto tiene mucho que ver con la inseguridad y con querer hacerlo todo perfectamente. Pregúntate, ¿cuánto me está costando a nivel de productividad este perfeccionismo? ¿Cuál es el estándar requerido para este trabajo? Recuerda que dar a tu trabajo más calidad de la necesaria baja tu rendimiento.

- **No saber cómo delegar**. Muchas veces el responsable de equipo simplemente no sabe cómo hacerlo y un apoyo por parte de un *coach* o una formación específica en delegación sería más que suficiente.

Aunque tengamos un colaborador con poca experiencia o conocimientos debemos empezar el proceso de delegación como un trabajo constante y que forme parte de su desarrollo. Obviamente, en los inicios de este proceso controlaremos mucho más su trabajo, pero debemos comenzar cuanto antes porque eso aumentará la confianza y el rendimiento del empleado.

Las personas en general queremos elegir nuestras funciones en un puesto de trabajo, aunque también se puede observar a otras que buscan que sea el mánager quien asigne la tarea (por no pensar, por no arriesgar o por no darle la impresión al compañero de que uno es un «pelota» o un «listillo», o sencillamente por falta de iniciativa).

Este punto se soluciona creando un entorno de confianza, y sobre todo empezando con delegaciones sencillas, donde los equipos tengan poca resistencia.

Para entender mejor la delegación lo mejor es dividir las fases de esta para llegar a una comprensión más profunda de la misma.

COMENTARIOS DEL LÍDER-COACH EXPERTO

En este caso podemos observar a una directiva que no ha tenido formación en habilidades. Muchísimos mánagers reciben poco o prácticamente nada de entrenamiento durante su carrera profesional en lo que se denominan *soft-skills* y el resultado es el que hemos podido observar aquí; sin embargo por suerte las políticas de las grandes y medianas empresas están cambiando hacia implantar un sistema de calidad directiva y las más pequeñas poco a poco van hacia este sistema de desarrollo continuo de habilidades.

El retorno a la inversión de estas formaciones es altísimo, ya que un directivo puede estar machacando la productividad de cientos de personas sin darse cuenta. Esto es lo que se llama inconsciencia directiva, es decir, que ni siquiera el mánager o la empresa saben cuánto pueden estar reduciendo la productividad de muchas personas por no saber sacar todo el potencial a sus equipos.

En este caso, Marta, de forma muy proactiva, decide poner fin ella misma a este punto contratando un proceso mezcla entre *coaching* ejecutivo y *mentoring*.

Lamentablemente no ocurre tantas veces como sería necesario el que un directivo pague de su bolsillo una formación o un asesoramiento a nivel competencial.

Laura, su *coach*, mediante un *coaching* a distancia logra trabajar aspectos de liderazgo y delegación, claves para mejorar la productividad de un departamento y el clima laboral.

A continuación vamos a ver los puntos más destacables de sus reuniones con Marc.

(1)   Marta entra de una forma muy brusca en un tema delicado como son unas encuestas de clima, que no han salido como la empresa esperaba. En las reuniones tipo *líder-coach* se busca crear un espacio tranquilo y de confianza donde no cabe la brusquedad. En este caso es recomendable comenzar de una forma un poco más relajada. Por ejemplo, hablar tomándose un café en un cafetería o quizás relajando la conversación previamente con otro comentario. Esto no quiere decir no poder decir la realidad de las encuestas, pero sí suavizar el ambiente antes de dar una noticia que puede ser recibida con rechazo. Digamos que debe ser un estilo de mano de hierro con guante de seda, es decir, aquí las formas en cuanto a lenguaje no verbal son muy importantes para que la persona no reaccione a la defensiva. Por otra parte, la distancia impuesta con barreras físicas es una proyección de barreras mentales. Marta se ha sentado en su silla con una mesa entre los dos, lo que mentalmente genera más distanciamiento. Este aspecto es muy sutil pero influye mucho en este tipo de reuniones.

(2)   *«Las encuestas de clima han salido mal, realmente muy mal, y tu delegación es pésima viendo estos datos».*
      Marta tiene un estilo extremadamente agresivo. Es posible que las encuestas hayan salido mal, pero esta expresión es un juicio. La mejor forma de tratar este tipo de temas es no enjuiciar; es decir, comentar algo del estilo a *«seis de las siete encuestas se han valorado por debajo de la media; es incuestionable que las encuestas han salido mal o muy mal»* puede poner a la defensiva a la persona a la que se está acusando, o al menos impactarla emocionalmente de forma muy agresiva. Marta debe evitar emitir un juicio en sus co-

mentarios. La encuesta de clima refleja lo que han dicho sus colaboradores y ella debe enfocarse en ayudar a Marc a analizar los resultados de manera objetiva y no ir más allá.

Marta debe indicar a Marc que vea que la delegación es sumamente importante, tanto para los trabajadores en su desarrollo profesional como para la empresa en la creación de equipos de alto rendimiento.

«O te pones las pilas con este asunto o no sé qué voy a tener que hacer».

Cuando damos *feedback* a un colaborador hay que tener en cuenta que tiene que servir para algo. El propósito del *feedback* es mejorar el desempeño de las personas en las empresas, tanto a nivel de motivación indicando los puntos fuertes de la persona, como a nivel correctivo comentando los aspectos de mejora. Cualquier otro propósito supone desvirtuar el fin del *feedback*. Entonces, en este caso, vemos que la expresión «ponte las pilas», no solo indica de manera imprecisa lo que se espera de la persona, sino que también es un juicio duro al trabajo de alguien y puede crear un efecto de alta desmotivación en la persona que lo recibe.

Antes de dar este tipo de mensajes, pregúntate ¿qué quiero que haga mi colaborador exactamente?

(3) La reunión ha acabado más como una regañina que como un proceso de desarrollo. Marc acaba de recibir un rapapolvo por parte de su jefa, una amenaza de que Recursos Humanos puede echarse encima de él si las encuestas no mejoran, y además se ha llevado la instrucción de delegar a secas, sin ninguna precisión. Analizando toda la reunión, aquí vemos un estilo totalmente alejado del de *líder-coach*. Cuando queremos que un colaborador cambie algo de su comportamiento

tenemos que ser muy específicos en lo que queremos transmitir, y además debemos crear la motivación suficiente para que este cambio se realice desde una actitud de crecimiento, no de resignación.

(4) Aquí se puede ver el resultado de haber forzado a una persona a realizar un cambio desde la obligación y no desde la motivación. Estas prácticas son habituales en las empresas que funcionan más con el «ordeno y mando» y menos con el uso de la inteligencia emocional.

Cuando le pedimos a un colaborador que cambie de forma obligada, su responsabilidad respecto al resultado final es mínima.

De todas formas se puede negociar el «cómo» realizar una tarea entre los dos para crear un consenso que busque la misma finalidad, que es mejorar el trabajo del equipo.

(5) *«Estás teniendo un comportamiento intolerable y no te voy a permitir estas formas, Marc, te lo digo completamente en serio. Quiero verte la próxima semana y analizar qué has estado haciendo para corregir todo esto».* Al final, este enfrentamiento entre un jefe y su colaborador suele derivar en una espiral de destrucción de la relación y, como consecuencia, de bajada de la productividad por ambas partes. No es más que una lucha de egos que puede terminar en el despido del empleado, o mucho peor, con un resentimiento extremo en todo el equipo que mine el desempeño de un grupo de personas.

(6) *«¿Cómo te han ido estas semanas con tu equipo?».* Esta forma de comenzar una reunión es mucho más

sutil que las anteriores, cuando Marta acusaba directamente a Marc por sus resultados o comportamientos.

Marta, por otra parte, se sienta al lado de Marc, eliminando las barreras físicas y, como consecuencia, creando cercanía.

(7) *«Quiero ayudarte con este tema. Primero, quiero disculparme por las otras dos veces que nos hemos reunido. Creo que no supe llevar esta conversación contigo. Ahora necesito que me escuches un momento».* La lucha de egos dentro en las empresas es uno de los mayores problemas, sobre todo porque influye en las relaciones entre departamentos y eso repercute de forma directa en la productividad. El control del ego es uno de los aspectos fundamentales a desarrollar de la inteligencia emocional, sobre todo en los puestos de dirección y aquí Marta le pide disculpas a su colaborador, acto que trata de tranquilizar a una persona con la que la relación de otro modo se habría dañado. Es importante que un directivo, antes de responder en una situación de tensión, se pregunte: ¿quiero mejorar la relación con esta persona o quiero tener razón? Muchas veces ambas opciones son inviables al mismo tiempo.

(8) *«¿Cuáles son las tareas de tu trabajo si las tuvieses que enumerar?».* Marta está utilizando una técnica que ha aprendido de su *coach* sobre los pasos de la delegación: sentar las bases, la delegación y el *feedback*. Hay veces que al *líder-coach* le puede ayudar tener un *coach* ejecutivo que le apoye para solucionar temas complejos, como puede ser la delegación, aunque una vez que Marta haya integrado la forma de desarrollar personas no necesitará muchas herramientas, que es

el miedo principal que tienen muchos mánagers, el no saber qué técnica utilizar en los miles de casos que pueden tener con un colaborador. Integrar el estilo *líder-coach* significa incorporar una escucha muy activa y hacer buenas preguntas que ayuden a recapacitar y motivar.

(9) Este silencio que sostiene Marta puede llegar a ser mágico. En general el silencio incomoda bastante a las personas. Sin embargo, en este momento es clave, ya que Marc está reflexionando sobre un aspecto sobre el que no suele pensar en su día a día. Si Marta hubiese emitido algún tipo de comentario, lo más seguro es que habría roto el proceso de pensamiento y aprendizaje del colaborador. El silencio es un acto de respeto muy profundo por la otra persona y debe ser todo lo largo que haga falta.

BREVES RECOMENDACIONES FINALES SOBRE LAS FASES DE LA DELEGACIÓN

1. **Antes de la tarea/sentar las bases**

Se debe solicitar al empleado su conformidad de que puede asumir la responsabilidad de esa tarea y nunca imponerla.

Para obtener más compromiso, entre el jefe y el colaborador se deben fijar los siguientes puntos, permitiendo que exista una negociación:

- Los objetivos a cumplir
- Medios necesarios, técnicos, económicos, humanos y formativos, con los que puede contar
- Fechas y plazos exactos
- Límites en la autoridad del delegado: qué sí y qué no puede hacer
- Prever problemas y posibles soluciones que se puede encontrar
- Línea de comunicación que habrá entre el colaborador y el jefe: frecuencia y modo (reunión, teléfono, *email*, *chat*...)

Tenemos que escuchar los «peros» de nuestro colaborador para llegar a una negociación realista y con compromiso por su parte.

2. **Durante la tarea/ejecución**

El colaborador debe informar de los imprevistos importantes.

El mánager no debe intervenir a menos que se lo pida el colaborador, excepto según lo indicado en la forma de seguimiento.

Muchos responsables de equipo fallan en esta fase porque piensan que el trabajo de delegación terminó con la conversación previa. La consecuencia es que se encuentran con trabajos no realizados en fecha o mal ejecutados, lo que ocasiona numerosos problemas y conflictos. Debemos realizar el seguimiento sin entrar en los detalles y sin agobiar al colaborador, y estar pendientes de la evolución de la tarea. Esto nos evitará sorpresas desagradables.

3. **Después de la realización/*feedback***

Entre jefe y colaborador se debe:
- Analizar los resultados de la tarea y las desviaciones entre los objetivos y la realidad
- Comentar las dificultades encontradas durante todo el proceso
- Felicitar al colaborador por el esfuerzo y el avance logrado
- Dar un *feedback* específico de mejora
- Pedir *feedback* sobre nosotros como mánagers en este proceso de delegación

ANTES	DURANTE	DESPUÉS
• Objetivos • Medios • Plazos • Límites • Previsión de obstáculos • Líneas de comunicación	• Informar sobre imprevistos • Comunicación continua • No intervención de jefe	• Análisis • Dar feedback • Felicitación • Pedir feedback

Inspirado en el libro *Delega: un modelo para crear equipos de alto rendimiento*. Donna M. Genett.

Esta tercera fase no es menos importante que las otras. Si no analizamos con calma y sentido crítico el proceso desde las dos partes, no existirá desarrollo alguno, o al menos este estará muy limitado.

Recuerda que siempre debe haber aprendizaje de todos los errores que se hayan cometido y se deben reforzar todos los aspectos positivos del colaborador. Asimismo, debemos pedir *feedback* para mejorar también nosotros desde nuestra posición de mánagers.

CONSEJOS SOBRE LA DELEGACIÓN

1. La delegación debe estar presente de forma continua. Recuerda que es una vía imprescindible para desarrollar a los colaboradores.

2. No asignes nunca a la mejor persona para delegarle una tarea. Pregúntale a tu equipo primero y que ellos escojan.

3. Sé flexible con las distintas maneras de realizar las tareas y no impongas tu estilo.

4. Delegar no es abdicar. Así que recuerda que siempre deberás tener una visión global del trabajo de tus colaboradores, y de este modo evitarás sorpresas.

5. Negocia todos los aspectos con la persona y tendrás gente involucrada y con el máximo compromiso.

6. Da y pide *feedback* cuando el colaborador finalice la tarea para que su proceso de aprendizaje y el tuyo continúen.

7. Agradece el esfuerzo de tus colaboradores como estímulo para seguir delegando otras funciones.

5. ASERTIVIDAD

EL CASO

Para tratar el tema de la asertividad nos reencontramos con Amanda y Katie, a quienes ya conocemos del capítulo «Autoconfianza». Allí vimos a Amanda, responsable de equipo en una consultora líder, asesorando al departamento financiero.

Durante las Navidades, Katie, una de las tres jefas de equipo que trabaja para Amanda y que ha ascendido recientemente, había tenido dificultades con dos miembros de su equipo, Jack y Michael, cuando estos no volvieron a su puesto de trabajo después de la comida de Navidad. Esta situación le había causado bastante estrés a Katie durante las vacaciones de Navidad, haciéndole dudar de su propia capacidad para dirigir equipos.

Amanda había tenido que recurrir a sus habilidades de liderazgo para ayudar a Katie, quien parecía carecer de confianza en sí misma, hasta llegar a la raíz del asunto. En realidad, el incidente de Navidad había sido «la gota que colmó el vaso» de un problema que llevaba fraguándose cierto tiempo.

Creando un ambiente de confianza mutua, Amanda ayudó a mejorar la autoconfianza de Katie en su papel como jefa de equipo. Este apoyo, la superación de ciertas percepciones negativas e infundadas y la identificación de áreas específicas que Katie tenía que mejorar, le proporcionaron una actitud más positiva.

Los aspectos en los que Katie decidió concentrarse para mejorar como mánager fueron: desarrollo individual y de equipo, asertividad y dotes comunicativas. La intención era poner en práctica el plan tan pronto como Michael y Jack regresaran a la oficina. Katie ya había hablado con Amanda antes de reunirse con ellos y ambas estaban convencidas de obtener un resultado positivo. Katie está impaciente por desarrollar al equipo y Amanda desea que Katie se convierta en la líder que ella sabe que puede llegar a ser.

Lunes 31 de diciembre de 2019, 15:00 h

Katie se levanta y llama a Jack y Michael, quienes se hallan en sus mesas de trabajo. Katie se ha pasado los últimos 20 minutos contando los segundos hasta las tres, mientras su desasosiego va en aumento. Hay un incómodo silencio entre los tres a medida que atraviesan la oficina, entran en la sala de reuniones y se sientan. Jack y Michael esperan conteniendo el aliento mientras Katie está ansiosa por romper el hielo.

Katie abre el portátil y trata de aclararse antes de comenzar.

–¿Y qué tal las Navidades? ¿Contento de ir a casa, Jack? –pregunta, agitándose nerviosamente en su asiento.

Jack y Michael, igualmente inquietos, comienzan a carraspear antes de que Jack tome la iniciativa.

–Sí, estuvo bien; gracias por preguntar. La verdad es que no tengo muchas oportunidades de volver a casa. Mi madre, como de costumbre, me dio de comer como si me estuviera muriendo de hambre –explicó riéndose de manera nerviosa e insegura.

Afortunadamente Michael interviene para aliviar la tensión.

–Bien, gracias, Katie. ¿Qué tal tus Navidades?

–Pues si te soy sincera, Mike, no han sido las mejores fiestas navideñas que he tenido, y en parte es la razón por la que quería hablar con vosotros. –Katie respira hondo y continúa–. Me gustaría que me contaseis vuestra versión de lo que pasó en la comida de Navidad.

–¿En la comida de Navidad? –pregunta Michael inquisitivo, con la mirada perdida.

–Sí, en la comida de Navidad –contesta Katie, agitada. «¿Pero estos de qué van? De verdad creían que no se iba a notar su ausencia, que no me enteraría...» piensa para sí misma.

–Pues no sé, Katie, la verdad –comenta Jack.

–¿De verdad? ¿No tenéis la menor idea de por qué estáis los dos aquí? –pregunta Katie.

–¡No! –exclaman los dos al unísono.

Katie permanece en silencio. La conversación no se está desarrollando como ella había previsto.

–¿Así que ninguno de los dos tiene ni idea?

–No –contestan los dos a coro, lo cual exaspera todavía más a Katie, que se enfurece más y más en silencio hasta que explota.

–¿Así que consideráis que quedaros en el pub emborrachándoos cuando se suponía que debíais estar trabajando no es una falta de respeto a vuestros compañeros, a mí y al cliente? –«¡Esto es el colmo!» piensa para sí misma al tiempo que suelta las palabras, dándose cuenta de que se ha pasado de la raya. (1)

–¡Espera un segundo, Katie! –la interrumpe Jack, visiblemente enfadado–. ¿Qué quieres decir con «emborracharnos»? ¿Y a qué te refieres con «faltando al respeto»? El día de Nochebuena la oficina estaba vacía, y en todo caso no íbamos a volver para no hacer nada durante dos o quizás tres horas como mucho. –Jack está enfurecido y Katie se da cuenta de que se le está yendo de las manos.

–Y no nos emborrachamos. Acabamos nuestras bebidas y nos fuimos –prosigue–. Yo me fui directamente al aeropuerto y no tengo ni idea de lo que hizo Michael, pero estoy convencido de que era mucho más importante que volver aquí y no hacer nada durante un par de horas por la tarde. Esto es lamentable, Katie. De verdad, es completamente exagerado.

–Totalmente de acuerdo. ¡Como si no hiciéramos un montón de horas extras! ¿Qué hubiéramos logrado trabajando el día de Nochebuena por la tarde? –interviene Michael apoyando a Jack. La tensión es palpable y Katie, sintiéndose en minoría, vuelve al ataque.

–¡Fantástico! Así que ahora cualquiera puede decidir cuándo entra y cuándo sale, ¿verdad?

–¡Venga hombre, Katie, era Nochebuena! –se defiende Michael.

–Sí, pero es a Amanda y a mí a quien nos corresponde decidir si la gente se puede tomar el día libre o no. ¿Quiénes os creéis que sois para decidir cuándo trabajar y cuándo no?

–Katie, no tiene tanta importancia. ¿Por qué te pones así?

–¿Así? ¿Yo? Quizás deberíais haber pensado en vuestros compañeros antes de iros cuando os dio la gana. Quizás deberíais haber pensado en cómo me iba a sentir. La verdad es que nunca me he cruzado con nadie tan desconsiderado y egoísta como vosotros dos. Me ponéis enferma con vuestra falta de consideración hacia vuestros compañeros, con el cliente y conmigo, por no mencionar hacia vuestros trabajos. (2)

–Para un segundo, Katie.

–No. En serio, ¿de verdad creéis que lo que hicisteis estuvo bien? ¡Es increíble!

–Quizás deberíamos haber obrado de otra manera, pero esto es totalmente exagerado.

–Creo que será mejor que continuemos la conversación en otro momento. Me parece inaudito que no os deis cuenta de la gravedad de la situación. Venga, seguid trabajando. Ya hablaremos.

–¿Katie?

–Dejémoslo, Michael. Es mejor que hablemos en otro momento. Ya hemos tenido bastante por hoy.

Cuando los dos chicos se van, Katie se queda sola dándole vueltas a qué es lo que ha ido tan rematadamente mal y qué hacer. Finalmente sale de la sala de reuniones en dirección a su puesto de trabajo. Todo su equipo está alrededor y se siente un tanto aturdida. «Menos mal que nos vamos en breve y es el día de Nochevieja» se dice a sí misma. La gente empieza a salir en silencio de la oficina, algo raro para ser el último día de año. Jack y Michael se despiden sobresaltados. (3)

. . . .

**Lunes, 31 de diciembre de 2018, 16:49 h
Despacho de Amanda**

Amanda se encuentra inmersa estudiando unos documentos que sostiene en sus manos. Katie golpea suavemente la puerta con los nudillos y espera en el umbral de la puerta.

–Hola, ¿qué tal? ¿Cómo te ha ido? –pregunta una sonriente Amanda–. Vaya –añade al ver que Katie mueve negativamente la cabeza con gesto apesadumbrado–. ¿Quieres que hablemos de ello?

–Sí, no me vendría mal –contesta Katie.

–Muy bien, adelante –dice Amanda al mismo tiempo que despeja la mesa colocando a un lado todo el papeleo con el que estaba. (4)

–Ha ido fatal Amanda. La he fastidiado.

–Bueno; por muy mal que haya ido estoy segura de que se puede arreglar. Cuéntame qué ha pasado con pelos y señales.

–Todo empezó bien. Les pregunté qué fue lo que había pasado, de manera que pudieran explicar su versión de los hechos. Quería ser justa, concederles el beneficio de la duda; en realidad deseaba que hubiera una explicación perfectamente razonable.

–Parece una manera fantástica de encarar el asunto. ¿Y qué ocurrió?

–Se torció la conversación cuando me respondieron que no tenían la menor idea de qué estaba hablando.

–¿A qué te refieres?

–Ni siquiera se les había pasado por la cabeza que hubieran hecho nada malo. Eran totalmente inconscientes de que hubiera un «problema» –añade Katie marcando las comillas con los dedos–. No me lo puedo creer. Yo agobiada durante las fiestas y ellos tan tranquilos pasando las Navidades con la conciencia completamente tranquila. ¡Alucinante! ¿O yo he perdido la perspectiva... Amanda?

Amanda respira profundamente, menea la cabeza y añade:

–No, Katie, en absoluto. ¿Y qué paso cuando te hicieron ver que no entendían el problema?

–Perdí los estribos, Amanda, e hice todo lo que me había propuesto no hacer. Se me fue de las manos; me he dejado llevar por mis emociones.

–¿Qué dijiste?

–Pues prácticamente todo lo que se me pasaba por la cabeza. Les dije que habían sido desconsiderados, egoístas y… que me ponían enferma.

–Bufff –exclama Amanda, visualizando la escena.

–Ya… me pasé tres pueblos.

–Pues sí, pero lo hecho, hecho está. ¿Y cómo reaccionaron?

–Nada bien. Jack estaba furioso y me dijo que estaba exagerando algo que era una nimiedad, haciendo una montaña de un grano de arena. Consideran que como era el día de Nochebuena no habrían hecho nada si hubieran vuelto a la oficina.

–¿Y Michael?

–Se deja llevar por Jack, como siempre.

–Vale. ¿Y de dónde crees que vino tu reacción? (5)

–Bueno, de todo lo que ha pasado en esta última semana –Katie menea la cabeza y se encoge de hombros.

–No es el fin del mundo, Katie.

–¡Pues lo parece!

–Dime, ¿cómo crees que lo que ha sucedido hoy te afectará dentro de seis meses?

–Cierto. Seguramente ni me acordaré de ellos.

–Muy bien, vamos a ponerlo en perspectiva entonces, ¿vale? ¡No hay nada que no podamos arreglar! –exclama Amanda con una sonrisa de oreja a oreja–. Sé que estás hasta arriba de trabajo y pasando un mal trago, pero esto es mejor arreglarlo lo antes posible.

Un poco más tranquila, Katie pregunta:

–¿Ahora?

–Me temo que sí. Esto no va a arreglarse por sí solo. Como es tan fácil sacar las cosas de contexto, vamos a trabajar para asegurarnos de que este problema no te afecte dentro de seis meses.

–Jajajá, ¿cuántas respuestas vas a querer? –pregunta Katie recordando la vez anterior en la que Amanda le hizo tantas preguntas.

–Las que tú consideres oportunas. Aunque vamos a tener que establecer ciertas prioridades. Tendremos que centrarnos en dos o tres objetivos ya que estamos hasta arriba de trabajo. Tras un par de meses vemos cómo ha ido y, si todo está bajo control, podemos centrarnos en otros asuntos. (6)

–Me parece bien.

–De acuerdo. Entonces, ¿en qué estás pensando?

–Mmm. ¿Sabes, Amanda? Creo que esto tiene mucho que ver con lo que hablábamos antes. Los temas en los que creo que me debería centrar serían comunicación, asertividad y desarrollo del grupo a nivel de equipo y a nivel individual.

–¿Y cómo crees que afectan esos temas a la situación en particular en la que nos encontramos?

–Supongo que lo podría haber hecho un poquito mejor en cuanto a la manera de comunicarme con ellos.

–¿Cómo?

–Si hubiera mantenido la serenidad. Tiendo a ser, o demasiado transigente y dejar que la gente se salga con la suya, o bien me altero hasta que exploto. En esta ocasión exploté. –Al decir esto Katie se queda pensativa.

Amanda le deja meditar un rato.

–¿En qué piensas, Katie? (7)

–¿Sabes? Creo que en realidad el problema tiene que ver más con la asertividad.

–¿Ah sí? –pregunta Amanda con mirada inquisitiva.

–Creo que soy una buena comunicadora.

–Disculpa, Katie, no sé si te entiendo muy bien –dice Amanda un tanto desconcertada.

–No pienso que tenga dificultades para comunicarme. Simplemente no soy muy asertiva. Me temo que soy así –añade Katie, cabizbaja.

–Tengo que decir que estás siendo tremendamente franca conmigo contándome tus debilidades –admite Amanda.

Katie alza la vista, temerosa de que sus comentarios hayan ido demasiado lejos, para encontrarse la sonrisa burlona de Amanda, quien parece disfrutar con la reacción que su comentario ha provocado. Una sonrisa que no tarda en tornarse sincera y reconfortante, para tranquilidad de Katie.

–Tranquila, Katie, lo estás haciendo muy bien. ¿Así que ser asertiva es más importante que tener buenas dotes comunicativas?

–No, no quería decir eso. Lo que quería decir es que mejorar mi asertividad debería ser prioritario. Creo que me ayudaría a comunicarme de una manera más eficaz.

–Te entiendo.

–Y que si fuera más asertiva eso podría ser muy beneficioso para el grupo, transformarlo en lo que yo quiero que sea y ayudar a que los miembros del equipo puedan alcanzar sus objetivos personales también.

–Entonces, ¿en qué nos deberíamos centrar?

–En ser asertiva pero...

–¿Pero?

–Pero habría que atender a dos tareas al mismo tiempo.

–¿Y eso?

–Bueno, tengo que concentrarme en ser asertiva, pero además necesito resolver la delicada situación actual.

–Exacto, ¿y qué es más importante?

–No creo que sea cuestión de qué es más importante sino de qué es más urgente, y tengo que resolver este tema con Jack y Michael lo antes posible.

–Entonces, ¿deberíamos dejar de lado momentáneamente el tema de la asertividad? (8)

–Sí, no creo que me pueda concentrar en ello mientras tenga este problema entre manos.

–¿Así que solucionamos esto y luego nos metemos con la asertividad en general?

–Sí, eso estaría bien.

–¿Qué crees que deberías hacer antes de salir de aquí hoy para poder disfrutar tranquilamente del Año Nuevo?

–Supongo que necesito trazar un plan, ahora que tengo los dos puntos de vista, el suyo y el mío.

–¿Y qué es lo que debería incluir ese plan?

–La manera de limar asperezas con Jack y Michael; dejar las cosas como están sería muy negativo para el departamento.

–Muy bien, ¿y qué más?

–Necesito entrar con buen pie en el nuevo año, trazar de manera esquemática un plan para el grupo. Sé que no me voy a convertir en una persona asertiva de la noche a la mañana, pero al menos puedo empezar a encaminarme en la buena dirección.

–Estupendo, ¿qué más?

–Eso es todo. Quiero empezar de cero el próximo año –contesta Katie sonriente–. El problema con Jack y Michael se nos ha ido de las manos y si no lo solventamos rápidamente podría afectar al grupo. (9)

–Entonces, ¿crees que es urgente?

–Sí, muy urgente.

–¿Cuándo vas a hacer algo al respecto?

–Lo antes posible, el miércoles. ¡Joder! Sí que he metido la pata. Ahora tengo que esperar un par de días para arreglarlo.

–¿Crees que ha sido una gran metedura de pata?

–Pues sí.

–¿Y qué harías si pudieras hacer algo?

–Para empezar, pediría perdón por la manera en que encaré el tema en la reunión. No fue la más acertada, y ahora le estaré dando vueltas hasta el miércoles.

–¿Y luego?

–Me gustaría hablar individualmente con los dos antes de reunirme con todo el equipo –propone Katie asintiendo seria con la cabeza.

–Muy bien, aunque tengo una pregunta. ¿Qué significa ser asertivo? La idea inicial era ser asertiva en tu reunión de hoy, pero claramente no funcionó.

–¿Ser asertivo?

–¿Qué quiere decir y qué comportamientos o conductas conlleva serlo?

–Vaya, ¡eso sí es profundizar! No lo sé. Supongo que tomando como ejemplo lo sucedido en la reunión, todo lo que hice no tiene nada que ver con ser asertivo, así que debería hacer justo lo contrario.

–Suena bien. ¿Podrías detallar exactamente a qué te refieres? (10)

–Perdí los estribos un poco. Bueno, de hecho, los perdí completamente. No estaba preparada. Me dejo llevar por impulsos, así que supongo que tengo que conservar la serenidad. Creo que quizás fui demasiado franca. Cuando estallo tiendo a ser demasiado directa –admite Katie, sonriendo tímidamente.

–Continúa –la anima Amanda.

–Sin embargo, hablando de sinceridad, creo que lo fui, aunque no demasiado justa.

–¿A qué te refieres?

–Bueno, creo que saqué a colación todo tipo de cosas que no venían a cuento. Cosas que quizás debería haber dicho antes, pero no lo hice, y me estaban carcomiendo por dentro, pugnando por salir.

–¿Y bien?

–Supongo que lo que quiero decir es que necesito ser franca conmigo y con mi equipo y decir las cosas a su debido tiempo. Escoger el momento adecuado es crucial, así como saber dilucidar cuál es el verdadero problema. Me pasé de la raya con Jack durante la reunión. Me encaré con él en vez de centrarme en su actitud y en lo que hizo el día de Nochebuena. Lo saqué de contexto, así que ser franco en el momento y contexto adecuados es clave.

–¡Muy bien!

–Gracias.

–¿Qué más?

–Tomar decisiones complicadas, sin miedo a que puedan causar cierta polémica, si van a producir mejores resultados.

–¿Y cómo verías hacer lo que dices?

–Es duro. De verdad. Parece que quiero tener a todo el mundo contento todo el rato, aunque en principio no me siento a gusto.

–Buena conclusión, aunque quizás sería mejor tratar de solventar esto con vistas al largo plazo. ¿Qué piensas?

–Sí, genial. Tampoco voy a ser capaz de cambiar de la noche a la mañana.

–De acuerdo, ¿algo más? (11)

–Creo que no. Como ya dije, mis dotes comunicativas son buenas; simplemente tengo que ajustar mi manera de expresarme con respecto a los parámetros que hemos comentado.

–¿Cuáles hemos dicho que son?

–¿De verdad quieres que los repita? (12)

–Eso es.

–Dejar las emociones a un lado, permanecer serena, ser sincera pero guardando la perspectiva y decir las cosas en su momento sin sacar a colación trapos sucios que no vienen a cuento así como estar dispuesta a tomar decisiones complicadas que quizás no le gusten a todo el mundo. (13)

–Estupendo. Así que poniendo todo esto en práctica, ¿en qué te tienes que concentrar con respecto al miércoles?

–Es evidente que necesito mantener la calma, aunque creo que en cierta manera mi salida de tono de hoy podría tener resultados positivos.

–¿A qué te refieres?

–Creo que he sacado toda esa energía negativa que tenía contenida dentro de mí.

–Muy bien. ¿Qué más tienes que cambiar?

–Tengo que concentrarme en el tema que me traigo entre manos en este momento y aislar este problema concreto de todos los demás que pudiera tener con Michael o con Jack y que no hemos tratado con anterioridad.

–¿Y cuál crees que es la raíz del problema?

–Es bastante simple en realidad. No pueden decidir qué horas van a trabajar sin consultar conmigo. Tenemos que reforzar el concepto de equipo y para ello tenemos que expresar el debido respeto hacia nuestros compañeros y al trabajo.

–¿Y cómo vas a encarar la reunión de equipo?

–Plantearé algunos de los típicos temas problemáticos y pediré la opinión de la gente. Con un poco de suerte conseguiré que nos pongamos de acuerdo en cuanto a las soluciones. Vamos a necesitar que la gente se exprese con franqueza.

–¿Crees que lo conseguirás?

–Tengo la impresión de que si voy de cara y soy sincera con ellos desde el minuto uno, ellos lo serán conmigo.

–Estupendo. ¿Y qué más tenemos que trabajar?

–Pues la verdad, no lo sé. ¿Hay algo más?

–¿Cómo tomar decisiones difíciles?

–Ah, sí. Me estoy planteando tener que tomar alguna. Quiero decir, si las cosas no mejoran con Jack y con Michael, voy a tener que prescindir de uno de ellos. Seguramente de Jack, ya que Michael simplemente se deja llevar por Jack. No es algo que me gustaría hacer, pero si tengo que hacerlo lo haré. Quizás podríamos encajarle en otro equipo. En cualquier caso, estaré preparada para tomar la decisión.

–Vaya, ¿y hasta dónde estás dispuesta a llegar?

–Hasta donde haga falta; no puedo permitir distracciones de ningún tipo con todo el trabajo que tenemos que hacer.

–Muy bien, y en cuanto al cuándo, ¿qué vas a hacer?

–Queda mucho para el miércoles. Sí, es un poco problemático.

–¿Crees que podrás apañártelas sin problemas hasta ese día?

–Supongo que no.

–¿Perdón?

–No voy a esperar hasta el miércoles. Una de las cosas que dije sobre ser asertiva es que hay que ser justa, y no creo que sea justa ni con ellos ni conmigo si dejo el tema pendiente durante dos días; además, eso no va ayudar a rebajar la tensión.

–Entonces ¿cuándo vas a hablar con ellos?

–Ahora mismo. ¿Te importa si llamo desde aquí? –pregunta Katie al tiempo que saca el teléfono móvil del bolsillo. (14)

–En absoluto, adelante –contesta Amanda, con cierta sorpresa reflejada en su rostro–. ¿Quieres que repasemos primero lo que vas a decir?

–No, creo que no hace falta.

Katie se dispone a llamar, primero a Michael. Activa el «manos libres» y le hace una señal a Amanda para que guarde silencio.

–Hola, ¿Michael?

–¿Sí? Ah, Katie. Perdona, no esperaba que…

–Ya. ¿Tienes un par de minutos libres para que podamos hablar?

–Claro, la verdad es que me gustaría disculparme.

–Esa es la razón por la que te estoy llamando, Michael. Creo que debería disculparme por cómo encaré el tema durante la reunión. Está claro que tenemos distintos puntos de vista en cuanto a lo que pasó el día de Nochebuena, pero me pasé de la raya y no tengo ningún derecho a hablaros como lo hice. Me lo tomé como algo personal si te soy sincera; no estuve muy acertada y pensé que debía llamarte.

–Ah, mmm.

–Lo siento, Michael.

–No te preocupes. Son cosas que pasan. He estado pensando sobre lo que sucedió el día de la comida de Navidad y tienes razón; realmente lo que hicimos no estuvo bien. –Amanda levanta el pulgar con aprobación en dirección a Katie.

–Agradezco que me lo digas, Michael. De verdad. Podemos charlar tranquilamente del tema el miércoles si te parece. Además, quiero tomar algunas decisiones y empezar a planear el próximo año contigo y con el resto. Me gustaría contar con todos vosotros.

–Sí, claro, ¡fantástico!

–Olvídate del trabajo hasta entonces. Eso sí, quiero que el miércoles estés a pleno rendimiento.

–¡Por supuesto! Nos vemos el miércoles, Katie. Y gracias por llamar.

–Gracias por tu comprensión, Michael. ¡Feliz Año Nuevo!

–Igualmente. Hasta luego.

–Adios.

Katie cuelga el teléfono y exhala un suspiro de alivio.

–¡Bien, esto ya es otra cosa!

–Fantástico, Katie, ¡muy bien! ¿Vas a llamar a Jack?

–Por supuesto, ahora que ya he cogido carrerilla...

Katie busca el teléfono de Jack en su agenda y aprieta el botón de llamada.

–Hola Jack.

–Hola Katie –contesta secamente Jack obligando a Katie a ir al grano. Amanda observa como Katie se pone tensa.

–Quería disculparme por lo que pasó hace un rato en la reunión.

–Ya, sí, fue bastante exagerado. Me sorprendió mucho.

Amanda contempla como Katie se encoge ligeramente al escuchar la réplica de Jack, pero se sobrepone rápidamente antes de continuar.

–No encaré correctamente el asunto y, si te soy sincera, a veces me tomo las cosas muy a pecho, lo cual no está bien.

–Lo siento. Sí, como te dije, me sorprendió –responde brevemente Jack.

–Como decía, no estuve muy acertada. Creo que todavía tenemos que abordar el asunto, pero de otra manera. Asumo la responsabilidad por lo que pasó hoy.

–Muy bien, gracias por llamar.

–El miércoles voy a empezar a planear el nuevo año con el equipo. Cuento con todo el mundo para aportar ideas.

–Sí, claro.

–Feliz Año Nuevo, Jack.

–Gracias Katie, igualmente.

Katie cuelga el teléfono y suspira de nuevo. Amanda le lanza una sonrisa pícara.

–¡Bueno, ya está! –exclama Katie–, y me siento bien. Me siento mucho mejor pero, chica, ¡estaba tan nerviosa!

–No te lo estaba poniendo fácil.

–¡Ya ves! Pero, en fin, ya está y ahora podemos dejar esto a un lado.

–¿Qué te parecieron las llamadas?

–Bueno, podían haber ido mejor y podían haber ido peor, pero se confirman mis sospechas sobre la influencia que Jack ejerce sobre Michael.

–¿Ah sí? ¿Y qué vas a hacer al respecto?

–Creo que es mejor tratar con Michael a solas, especialmente si Jack no está cerca. Aunque Jack es bueno en su trabajo también es más difícil; pienso que lo mejor sería ganarme a Jack y así también me ganaría a Michael. Pero, como ya dije, estoy dispuesta a que se vaya si su actitud no cambia.

–Te veo muy decidida, Katie.

–Algo habrá que hacer, Amanda, y sin duda el tema este de la asertividad es clave. Y, además, ¡me siento mucho mejor!

–Bien, pues eso que ganamos. ¿Algo más?

–No, creo que ya está y tú tendrás ganas de irte a casa con tu familia. Gracias por quedarte y echarme una mano.

–De nada. ¿Cuál es el siguiente paso?

–Me voy a reunir con el equipo el miércoles por la mañana y si tienes tiempo por la tarde quizás nos podríamos ver.

Amanda echa un vistazo rápido a su agenda.

–Estoy disponible a última hora el miércoles a eso de las cinco de la tarde.

–Estupendo.

–¿Necesitas ayuda con alguna cosa antes de vernos el miércoles?

–No, gracias. Veamos qué tal va. Te informaré de todo, y quizás podamos centrarnos en cómo abordar el tema de la asertividad a largo plazo.

–¡Por mí estupendo! Hora de irme entonces.

Tras lo cual se dirigen a la puerta deseándose mutuamente un feliz Año Nuevo. Amanda se va a casa a celebrar la Nochevieja con la familia mientras Katie se dispone a salir con sus dos mejores amigas.

El día de Año Nuevo saca tiempo para planear las reuniones del día siguiente. El miércoles por la mañana se reúne individualmente con Jack y con Michael antes de juntarse con todo el equipo para planear el nuevo año. Esa misma tarde, tal y como habían planeado, se reúne con Amanda a las 17:00 h.

....

**Miércoles, 2 de enero de 2019, 17:00 h
Oficina de Amanda**

–¡Ey! ¿Qué tal? –Amanda saluda a Katie tan pronto como esta asoma la cabeza por la puerta.

–Hola, pues bien. ¿Puedo pasar?

–Claro, entra y siéntate. ¿Quieres algo de beber?

–No, gracias.

–Muy bien, cuéntame. ¿Qué tal fue hoy?

–Bueno, pues no me puedo quejar, la verdad. De hecho estoy bastante contenta. Me reuní con Jack y con Michael por separado, lo cual fue mucho mejor. De esa manera no se retroalimentan y además es más fácil lidiar con ellos uno a uno que cuando están juntos.

−Me imagino. ¿Qué tal fue con cada uno de ellos?

−Con Michael fue muy sencillo. Necesita apoyo y creo que se deja llevar cuando tiene a alguien al lado con una personalidad más fuerte.

−¡Ya veo! −exclama Amanda, al tiempo que mueve afirmativamente la cabeza−. Sin embargo, es algo en lo que le puedes ayudar. (15)

−Sí, me parece que es la manera de ganármelo. Me gusta cómo trabaja, aunque se deja influenciar demasiado. Ahora voy a tener que ser yo quien le influya.

−Bien hecho. ¿Y Jack?

−Jack es harina de otro costal. Ya le oíste el otro día. Muestra animosidad y tampoco te lo pone fácil.

−Sí, no parece alguien que vaya a echarse para atrás fácilmente. Sin embargo, esa fortaleza nos puede venir bien.

−Sí, mientras fortalezca al equipo y no lo debilite.

−Claro, Katie. ¿Y cómo han ido los buenos propósitos de Año Nuevo en cuanto a asertividad?

−¿Con Jack?

−Sí, hablemos primero de Jack.

−No fue fácil. Comencé pidiendo disculpas de nuevo. Es curioso como el disculparse no te hace sentir vulnerable cuando sientes que la situación está bajo control, ¿verdad?

−Buena observación, pero ¿de dónde viene esa sensación?

−Pues no lo sé.

−La situación parece la misma que la del lunes por la tarde, nada ha cambiado, y en aquel momento ¡era un auténtico desastre! −exclama Amanda con una amplia sonrisa−. ¿De dónde viene ese control? ¡Piensa!

−Tienes razón. Nada estaba bajo control esta mañana cuando hablé con Jack, ni el lunes por la tarde. Creo que tengo un mejor control de la situación ahora, después de la reunión con el equipo, pero antes de eso…

–¿Y bien?

–Bufffff, vale, vale, guarda el látigo –bromea Katie, sonriendo levemente. Amanda le devuelve la sonrisa pero la invita a contestar–. Supongo que en realidad es más una cuestión de tener control sobre mí misma que de controlar la situación. Hoy no estaba preocupada por lo que la gente pensara; simplemente hacia lo que, desde mi punto de vista, debía hacer. Supongo que se trata de eso.

–¿De qué?

–De ajustarme a mi propio criterio a pesar de todo, sin miedo a hacer un poco de ruido. Quiero decir; ahora no voy a ir buscando la confrontación, pero quizás antes solía buscar la aprobación de los demás y evitar todo tipo de conflictos, lo que con el tiempo resultaba perjudicial para el grupo y seguramente también me perjudicaba a mí como jefa.

–Bueno, es interesante, en serio. Así que, ¿cómo acabó la conversación con Jack?

–Pues después de disculparme le dije lo que pensaba de verdad sobre la cuestión.

–¿Y en qué aspecto tenía él razón? –dice Amanda como pidiendo explicaciones.

–Bueno, era Nochebuena y realmente no hicimos nada, y él tenía un vuelo a su casa, etcétera, pero le dije que, aunque todo eso fuera cierto, no justificaba el que se fuese sin decir nada y que si me lo hubiera pedido le hubiera dado permiso y habría quedado mucho mejor.

–Vaya, ¿y cómo se lo tomó?

–Suena peor de lo que realmente fue. La conversación fue tan relajada que es difícil de creer, especialmente después de lo que pasó el lunes. De verdad. Su única respuesta fue que quizás yo no le habría dejado irse. Es un argumento tan endeble que cuando le pregunté «¿y cómo sabes tú eso?», se quedó sin respuesta.

–¿Cómo ves ahora el panorama con Jack?

–Si te soy sincera todavía pienso que quizás habría que ponerle en otro grupo, pero estoy dispuesta a darle otra oportunidad, así que le tendré cerca por un tiempo.

–¿Cerca?

–Sí. Como manera de castigo voy a delegar un par de mis tareas semanales en Jack y en Michael. La verdad es que creo que les ha gustado la idea y quizás eso es lo que quería. Quiero vigilarlos de cerca y ver lo que se puede hacer con ellos. El tiempo lo dirá.

–¡Fantástico! ¿Y qué tal con el resto del grupo?

–Esa parte fue realmente sencilla. Hice borrón y cuenta nueva con el nuevo año tras explicar lo que pasó con Michael y Jack y cómo lo hemos solucionado. Comenté cosas que habían pasado el año pasado, errores, malos hábitos, descuidos, etc., que no quiero que sucedan de nuevo. Les animé a que aportasen ideas sobre cosas que hay que mejorar. Fue muy bien. Ahora tengo que asegurarme de que paso tiempo con el resto también y no me centro demasiado en Michael y Jack por estas tareas que estoy delegando en ellos. En realidad eso me debería dejar más tiempo para trabajar con los otros.

–Muy bien, parece fantástico. ¿Qué es lo que no fue tan fantástico? (16)

–¿La verdad?

–Claro.

–Pues me da la impresión de que estoy actuando; pareciera que no soy yo la que habla en esas reuniones.

–¿Tienes dudas?

–Sí y no. Es como si sintiese que no me sale de una manera natural.

–¿Y qué esperabas? Cuando empezaste a montar en bici, ¿te parecía natural? La primera vez que te maquillaste, ¿te pareció normal? Y ahora seguramente te maquillas mientras corres por la calle camino del trabajo.

–Supongo que tienes razón. Quizás me preocupa que al cabo de un tiempo vuelva a los hábitos de siempre.

–¡Ey! Arriba ese ánimo, chica. Te ibas a comer el mundo hace un minuto. Nadie dijo que iba a ser fácil; de hecho, decíamos el otro día que esto era un objetivo a largo plazo. ¿Qué necesitamos para asegurarnos de que llegamos a donde queremos llegar?

–Es una pregunta complicada.

–¿Sabes realmente lo que quieres conseguir en cuanto a asertividad?

–Estuve dándole vueltas ayer. Estoy bastante contenta con mi forma de ser. Lo único es que puede que a veces sea un poquito introvertida. No hay nada de malo en ello, pero cuando lideras un grupo de gente creo que te tienes que asegurar de que dices lo que tienes que decir por tu propio bien y, sobre todo, por el bien del equipo.

–¿Entonces?

–Vaya. ¿No he contestado a tu pregunta, verdad?

–No, todavía no.

–Supongo que lo quiero decir es que tengo que encontrar el equilibrio entre mi forma de ser, mi personalidad y el comportarme de una manera asertiva cuando sea necesario.

–¿Cuándo crees que tienes que ser asertiva?

–Supongo que cuando sea importante, para mí o para el equipo, el que haya claridad y las cosas se tengan que tratar abiertamente. Todo ello sin que tenga un efecto negativo en los presentes.

–¿A qué te refieres con eso?

—Me imagino que hay un tiempo y un lugar para todo. A veces es bueno ser asertivo en un preciso momento, pero en otras ocasiones quizás necesito escoger cuándo y dónde ser asertiva para mitigar cualquier consecuencia negativa que pudiera tener. Lo cual acentúa el efecto positivo de alguna manera.

—Muy bien, me encanta tu respuesta. Pero ¿cómo vas a recordar todo esto en un determinado momento?

—Supongo que, primero de todo, me tengo que preguntar si es beneficioso ser asertiva, y después saber si puede que sea perjudicial para una relación, un trabajo en particular o una determinada persona, lo que sea.

—Suena bien. Y ahora que sabes lo que quieres conseguir a largo plazo y el tipo de preguntas que te tienes que estar haciendo, ¿cómo te aseguras de que alcanzas tus objetivos?

—Tengo que dejar de reprimirme y explotar súbitamente como hice el otro día.

—¿Cuál fue la causa de tu explosión?

—Le doy demasiadas vueltas a las cosas; llega un punto en que la presión se va acumulando en mi cabeza hasta que no puedo más. Creo que simplemente siendo asertiva y analizando cada situación con las dos preguntas comentadas anteriormente puedo decidir cuándo aflojar la válvula de escape.

—Todo esto está muy bien, y creo que puedes tener razón, pero quiero que tengamos absolutamente claro de dónde viene toda esta presión acumulada. Está claro que explosiones como la del otro día provienen de ahí, pero ¿de dónde procede toda esa tensión? (17)

—Buena pregunta. ¿Sabes? Creo que viene de no lidiar con los problemas por separado. Me parece que a veces no soy objetiva, y me inquietan las fricciones y las desavenencias. Esto me impide tener esa válvula de escape abierta cuando tengo que enfrentarme a un problema o decir algo en concreto que puede no gustarle a alguien. Analizar cada situación con las dos preguntas y obrar en consecuencia impedirá que toda esa tensión se acumule.

–Bien, y ¿crees que será fácil hacer eso que dices todo el rato? No es algo a lo que estés acostumbrada.

–Tienes razón. Va a ser complicado. Tendré que ser consciente del hecho de que no voy a hacerlo perfectamente todo el rato y darme cuenta de cuándo no lo estoy haciendo bien.

–¿Cómo tienes pensado hacerlo?

–¿Contigo? –contesta Katie con una carcajada.

–Vale, pero podías ser más específica.

–Bien, el lunes hablamos sobre las reuniones mensuales que vamos a tener.

–Me preocupa que una vez al mes puede que no sea suficiente. ¿Crees que iría bien solo una vez?

–Quizás tengas razón. Una vez a la semana podría ser mejor, pero no quiero robarte tanto tiempo. Me parece demasiado.

–Sí, podría tener problemas para encajar en mi agenda una reunión semanal para tratar esto, aunque sería útil para que te dieras cuenta de lo que estás haciendo bien o mal sin que nos llevara mucho tiempo.

–Por mí bien; creo que merece la pena, sería una buena inversión.

–No solo para ti.

–A lo que me refiero es que creo que realmente es más importante para mí y debo ser yo la que se concentre en ello. Lo que debería hacer es anotar aquellas situaciones en las que me doy cuenta de si estoy siendo asertiva o no, y cuando tenga un rato sentarme tranquilamente y evaluar si estuve en lo correcto o no y si no lo es pensar detenidamente en lo que debería de haber hecho.

–¿Y cómo piensas hacer esa evaluación?

–Con las anotaciones que te he dicho debería ser suficiente y creo que meditar las cosas una vez hayan pasado quizás sea más revelador que hacerlo en el aquí y ahora.

–¿Cómo?

–Bueno, pues si no he sido asertiva sopesaré qué es lo que debería de haber hecho; eso me ayudará a establecer patrones de actuación en el futuro con el fin de tomar mejores decisiones y ser más asertiva.

–Y, siendo más concreta, ¿cómo vas a realizar esas anotaciones?

–En dos columnas: la primera contendrá mis acciones y comportamientos cuando no fueron asertivos y la segunda lo que debía haber hecho.

–Estupendo, ¿y dónde encajo yo?

–Te podría mandar el archivo con las anotaciones, por ejemplo, ¿una vez a la semana? Y examinaríamos lo que nos parezca destacable en la reunión mensual.

–Fantástico, ¿cuándo empezamos?

–Lo antes posible. Te mandaré un correo electrónico cada viernes. Hoy es miércoles; veamos si surge algo en estos dos días.

–Muy bien. ¿Algo más?

–No. ¡Estaré en contacto! ¡Gracias, Amanda! –añade Katie al tiempo que se levanta–. Esto ha sido muy útil. Hablamos mañana.

–Adiós.

Viernes 4 de enero de 2019, 17:00 h
Lugar: Oficina de Amanda

De: Katie Hunt
Enviado: Viernes, 4 de enero 2019, 16:44 h
A: Amanda Bexley
Asunto: Asertividad- Semana 1

Hola Amanda,

No ha pasado demasiado en estos dos días, solo un «incidente» (ver más abajo):

ÁNGELA PRESENTA UN INFORME CON RETRASO	
COMPORTAMIENTO NO ASERTIVO	**COMPORTAMIENTO ASERTIVO**
• Aceptado con retraso. • Es, sin ninguna duda, importante que el equipo se ajuste a los tiempos fijados, especialmente después de la charla que tuve con ellos el miércoles. • La ocasión era idónea para hablar con ella al respecto. • No le di mi opinión.	• Dejar claro que no es aceptable presentar informes con retraso. • Hacerlo a solas con el fin de no dejarla en evidencia delante de terceros. • Averiguar el porqué del retraso para solucionar el problema en el futuro. • Aprovechar la situación para crear una buena sensación de equipo con ella para solucionar el problema. • Estar segura de que el problema es el retraso del informe, no ella.

¿Qué piensas? (18)

Por cierto, no creo que tengamos que preocuparnos más sobre qué hacer con Jack. Este tema parece haberse solucionado. ☺

Que tengas un buen fin de semana.

Katie

PRINCIPALES ASPECTOS DE LA ASERTIVIDAD

Previamente hemos hablado de la autoestima y la confianza en uno mismo. Una voz interior nos parece indicar cuál es nuestra valía, en el caso de la autoestima, o cuál es nuestra capacidad, en el caso de la confianza en uno mismo. Ambos son procesos internos.

En cuanto a la asertividad, ocurre en el marco de nuestras interacciones con los demás y trata principalmente de cómo encontrar el equilibrio adecuado entre lo que pensamos sobre un determinado tema y cómo se lo transmitimos a los demás. Los temas de asertividad, autoestima y confianza están entrelazados en sí mismos. Cuando alguien muestra un comportamiento asertivo es más probable que goce de buena autoestima y confianza, y viceversa.

Así pues, ¿qué entendemos por asertividad y cuáles son las características de una persona asertiva?

Antes de nada es imprescindible entender que cuando interactuamos con los demás normalmente estamos entablando dos conversaciones: la conversación que mantenemos con la persona con la que estamos hablando, lo que decimos, y además mantenemos una conversación interna con nosotros mismos, lo que pensamos. Lo diferentes que sean estas dos conversaciones determina cómo nos comunicamos. Si son muy diferentes, entonces estaremos siendo lo que se denomina un «comunicador pasivo». Si no hay diferencia o esta es muy poca, entonces estaremos siendo lo que podríamos llamar un «comunicador agresivo».

El comunicador pasivo sería la típica persona que trata de evitar conflictos a toda costa y obtener la aprobación de los demás, lo cual podría parecer una característica positiva pero que, sin embargo, a veces tiene efectos negativos. Puede que no se produzca ningún conflicto visible entre el comunicador pasivo y sus interlocutores, pero es muy probable que el comunicador sufra conflictos internos, lo que es posible que desemboque en resentimiento y desequilibrios emocionales que acarreen problemas psicológicos (que afectan a la autoestima y la confianza en uno mismo), e incluso físicos. Además, todas estas tensiones reprimidas resultantes de la incapacidad para acercar nuestros diálogos externos e internos suelen ocasionar exactamente lo contrario de lo que se pretendía inicialmente: estallidos, agravación de conflictos y comunicación agresiva.

El comunicador agresivo, al contrario, no tiene ningún tipo de reservas a la hora de hablar. Expresa lo que piensa con escasos miramientos en cuanto a las consecuencias. Normalmente considera su estilo comunicativo como una muestra de sinceridad, explicándose con comentarios como *«yo soy así»*, *«digo la verdad como la siento»* o *«todo el mundo sabe qué esperar de mí»*.

Por supuesto, no se trata solo de lo que se dice, sino de cómo se dice. Un comunicador agresivo a menudo habla mirando fijamente, usando un lenguaje corporal intimidatorio y gestos avasalladores. Como en el caso del comunicador pasivo, los resultados inmediatos se pueden interpretar como victorias pasajeras: conseguir lo que se quiere, protegerse momentáneamente de amenazas, reales o no, intimidar, son victorias de duración efímera que son empequeñecidas por efectos negativos de larga duración, como pueden ser el deterioro de relaciones y un clima de crispación generalizado que conlleva la pérdida de control emocional y, de nuevo, posiblemente problemas psicológicos o físicos al tener que convivir con sentimientos de culpa y un clima constante de estrés y tensión.

Aunque puede parecer que el estilo del comunicador pasivo es la mejor opción, ambas estrategias son hábitats naturales para una persona con baja autoestima o confianza. Esta persona escogerá el estilo que mejor le convenga: evitar cualquier conflicto asumiendo su condición inferior (en el caso del comunicador pasivo) o tratar de convencerse a sí misma o a los demás de su valía superior (el comunicador agresivo).

El comunicador asertivo, por el contrario, se encuentra a mitad de camino entre los dos, alcanzando el equilibro de ser asertivo. También es capaz de transmitir de una manera sincera, en el momento y el lugar apropiados, lo que siente y lo que piensa con el fin de ser constructivo.

Entiende su derecho a expresar su punto de vista, pero además tiene en cuenta el punto de vista de los demás y las consecuencias de lo que se dice y de cómo se dice. Esta manera de comunicar puede tener sus desventajas. Es posible que se creen desavenencias con los comunicadores agresivos o hacer daño a corto plazo a aquellos con baja autoestima y baja confianza en sí mismos. Pero en general la mayoría son ventajas: los tiempos se gestionan mejor, las diferencias de parecer y los conflictos se manejan de manera que se fortalecen las relaciones en vez de dañarlas, al tiempo que se refuerzan la autoestima y la confianza del comunicador, pues este empieza a apreciar la importancia de hablar de manera honesta pero con el debido respeto y consideración por el prójimo.

Aunque estrictamente no entra dentro del tema de la asertividad, la gestión de conflictos está inherentemente ligada a ella. El comunicador pasivo evita el conflicto a toda costa, el comunicador agresivo lo causa, y el comunicador asertivo lo gestiona. La gestión de conflictos se tratará en un capítulo posterior del presente libro y el modelo que se explica a continuación puede ser usado como herramienta también en ese campo. Este modelo se denomina Herramienta Thomas-Kilmann de Manejo de Conflictos© y la asertividad es una de las variables más importantes en él.

Kenneth W. Thomas y Ralph H. Kilmann postulan que hay cinco formas de enfocar un conflicto. (Recuerda que un conflicto no tiene por qué necesariamente acarrear violencia o enfrentamiento; puede tratarse simplemente de una diversidad de opiniones, sin tener por qué ser opuestas, como por ejemplo una pareja eligiendo qué película ver).

El modelo se representa con un diagrama con dos ejes, vertical y horizontal. Uno se denomina **Asertividad**, que implica satisfacer las necesidades propias, y el otro, **Cooperación**, que implica satisfacer las necesidades de los otros, conforme a un trabajo previo de Robert R. Blake y Jane Mouton.

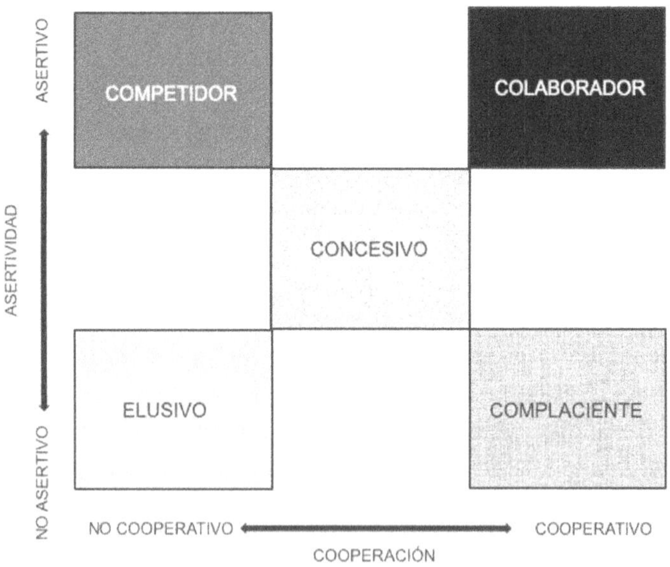

Primero tenemos el **«Elusivo»**: baja Asertividad y baja Cooperación. En este caso el individuo evitará el conflicto o permanecerá neutral si el conflicto se produce. Este enfoque puede ser útil cuando el conflicto es trivial e inconsecuente y la mejor solución sea soslayarlo, o cuando no se puede hacer nada al respecto (leyes fiscales, por ejemplo). Así, tendríamos por ejemplo que a uno de los miembros de una pareja que va al cine en realidad no le importa qué película ver y es perfectamente feliz aceptando la decisión del otro.

El siguiente sería **«Complaciente»**: baja Asertividad, alta Cooperación. Típico cuando la relación con la otra persona se considera más importante que el tema que está ocasionando el conflicto. Una de las partes cede con el fin de mantener las buenas relaciones y es un enfoque apropiado cuando la cuestión parece ser mucho más importante para una parte que para la otra. Esta forma de encarar un problema puede fortalecer una relación. Siguiendo el ejemplo de la pareja que va al cine, cada uno tiene sus preferencias pero uno de ellos comprende que la selección de la película es más importante para el otro y considera que no merece la pena discutir ya que la relación es más importante.

«Concesivo»: Asertividad media, Cooperación media. Es una opción a considerar cuando los objetivos son importantes pero no tanto como para dañar la relación. Las dos partes tienen que hacer concesiones con el fin de llegar a un compromiso. Por ejemplo, en el caso anterior, uno puede querer ver una película de terror y el otro una comedia romántica, y finalmente acuerdan ir a ver un *thriller*. Ninguno de los dos consigue exactamente lo que quiere pero la solución es satisfactoria para ambos.

«Competidor»: alta Asertividad, baja Cooperación. Un miembro de la pareja tiene una actitud dominante y compite enérgicamente por salirse con la suya. Esta opción puede ser útil cuando hacen falta decisiones rápidas como tomar la iniciativa, y también como manera de protegerse de los que se aprovechan de aquellos que no poseen una actitud asertiva.

El último modo es «**Colaborador**»: alta Asertividad, alta Cooperación, cuando las partes colaboran para idear soluciones nuevas donde todos salen ganando, cuando se buscan alternativas y opciones que no se planteaban inicialmente. En principio es un enfoque perfecto, pero a menudo no es posible adoptarlo debido a la falta de tiempo. Ambos miembros de la pareja no quieren dar su brazo a torcer y acuerdan por ejemplo ir a ver una película de terror en una sesión temprana, salir a cenar y ver la otra película más tarde.

Es importante tener en cuenta que no hay una estrategia mejor o peor en términos absolutos. Cada una tiene sus pros y sus contras y puede ser la más adecuada dependiendo de la situación.

¿Por qué es importante este modelo cuando hablamos de asertividad? Podemos ver que sin un mínimo de asertividad nos quedamos únicamente con dos opciones: el «Elusivo» y el «Complaciente». Al anteponer constantemente los deseos del prójimo a los nuestros nos conformamos con mantener una actitud pasiva en la defensa de nuestros intereses. Ser asertivos es crucial pues nos permite tener el repertorio completo de opciones a nuestra disposición, no solo cuando hablamos de gestión de conflictos, sino para defender nuestros intereses siendo respetuosos con el punto de vista de los demás.

Es una cualidad fundamental en un entorno de trabajo. Si un *coach* logra que un individuo se llegue a percatar de cuándo está siendo pasivo o agresivo y fomenta comportamientos más asertivos, los resultados pondrán en evidencia que es necesario desafiar ideas preconcebidas y asumir nuevos enfoques y actitudes para incrementar la autoestima y la confianza en uno mismo así como para mejorar el rendimiento.

COMENTARIOS DEL LÍDER-COACH EXPERTO

En este capítulo hemos visto a un líder asistiendo a otro en el tema de la asertividad. Las notas que vienen a continuación pretenden explicar con más en detalle las ideas tratadas, pero siempre en torno al tema general que da título al capítulo.

(1)   Es crucial, en situaciones que pudieran ser conflictivas, ajustarnos a lo que sabemos con certeza, a los hechos, en vez de hacer conjeturas y suposiciones. Estas, incluso en su más mínima expresión, pueden ser consideradas injustas y dañar irreparablemente nuestros argumentos a los ojos de nuestro interlocutor, por muy válidos que estos sean. Ajústate a los hechos, sé objetivo y elabora tu punto de vista de una manera lógica y razonable.

(2)   Esta situación ha sido sacada de contexto por Katie. Ha emitido juicios de valor sobre las personas involucradas y ha expresado opiniones personales en vez de ceñirse a los hechos. Cuando queremos ser asertivos y expresar nuestro punto de vista, debemos separar a la persona de los hechos, más todavía en nuestro papel como *coaches*. Hacer valoraciones personales y prejuzgar a alguien puede ser tremendamente dañino para una relación y nada constructivo en un ambiente laboral.

(3)   Sopesa detenidamente cuándo poner una reunión, sobre todo cuando se trate de reuniones importantes. Hay tiempo suficiente para actuar o rectificar, especialmente si es probable que haya situaciones conflictivas. ¿Es justo antes de un fin de semana? ¿Los participantes se van a ir de vacaciones?

(4) Crea un espacio tan despejado y libre de obstáculos como sea posible antes de una sesión de *coaching*. Una mesa es, ya de por sí, una barrera entre tú y tu interlocutor, pero si tienes papeleo u otro tipo de distracciones entre los dos será poco probable que consigas crear el ambiente de confianza y complicidad que necesitas. El hecho de despejar la mesa es una manera perceptible y simbólica de dejar de lado aquello que estuvieras haciendo y concentrarte en la sesión de *coaching*, ayudando también a despejar la mente para poder escuchar con mayor atención, ser más perceptivo, plantear las preguntas adecuadas, ofrecer mejores opciones y, en resumen, ser un mejor *coach*.

(5) Esta simple pregunta con «dóndes» implica una búsqueda. Enviar a la persona a la que le haces *coaching* a que busque es una potente herramienta. Puede requerir que la pregunta inicial sea seguida por otras preguntas similares, ya que lo normal es que la primera respuesta esté condicionada por la manera habitual de pensar y actuar de nuestro interlocutor. Lo que pretendemos es hacerle considerar un abanico más amplio de opciones o explorar en mayor profundidad las opciones planteadas.

(6) El factor tiempo es un recurso limitado en cualquier organización y para cualquier persona. A menudo nos encontramos tratando de hacer más de lo que realmente podemos. Un *líder-coach* puede ayudar a dar prioridad a aquello que verdaderamente es importante y/o urgente. Reducir la lista de tareas pendientes suele ser un alivio y ayuda enormemente a concentrarse en los objetivos principales.

(7) El silencio puede ser una herramienta muy potente. Hay personas que se sienten muy incómodas y necesitan razonar y expresarse. Si el silencio continúa y te percatas de que la persona está «dándole vueltas a la cabeza», un simple «*¿de qué se trata?*» puede abrir nuevos caminos y opciones a desarrollar.

(8) Da la opción de quitar cosas de la «lista de tareas por hacer». A menudo aquellos que trabajan para un *líder-coach* se sienten presionados a hacer todo lo que se les ha pedido. Si se les insinúa, se les da permiso o incluso se les alienta a reducir la lista de tareas, se pueden sentir menos presionados y concentrarse en los temas más importantes y urgentes.

(9) Un magnífico ejemplo de cómo el *coaching* puede ser tremendamente útil para aclarar las ideas. Katie podía pasar días o semanas mortificándose y dándole vueltas a la cabeza. Una conversación de diez minutos con el jefe le dejó claro lo que es importante y lo que no, ayudándola a mejorar su rendimiento y el del equipo.

(10) Es importante llegar al quid de la cuestión. Si tenemos absolutamente clara la raíz del problema y lo que tenemos que hacer para solventarlo podemos tomar mejores decisiones. No tiene sentido dar por finalizada la reunión con ideas vagas y difusas o «medias tintas». Con frecuencia, como jefes creemos que no disponemos del tiempo suficiente. Sin embargo, diez minutos concretando y cristalizando ideas y soluciones nos pueden ahorrar horas desperdiciadas por un rendimiento inadecuado o indecisiones.

(11) Puedes sonar repetitivo hacer muchas preguntas del tipo de «¿Qué más?» o «¿*Añadirías algo más?*» pero es fundamental que el colaborador agote todas las posibilidades y opciones abiertas ante él. Aportar situaciones hipotéticas del tipo «*¿Qué es lo que harías si no tuvieras restricciones de presupuesto?*» podría abrir nuevos caminos que no son evidentes en un primer momento. Al ampliar el abanico de opciones se erradican posturas conformistas (del tipo «*no queda otra opción*» o «*es lo único que puedo hacer*») y se fomenta un mayor sentido de responsabilidad sobre los propios actos y las consecuencias.

(12) De nuevo, no tengas reparos en pedir aclaraciones. Podría ahorrar un montón de tiempo en el futuro, mejora el entendimiento entre el *líder-coach* y el colaborador y le da a la gente más margen para meditar y así poder eliminar barreras mentales y obtener mejores opciones.

(13) No es estrictamente correcto hablar siempre que pienses que tienes que hacerte oír. A menudo este es el caso, pero ser asertivo es escoger el mejor momento para decir lo que tienes que decir con el fin de lograr los objetivos que buscas.

(14) Obligar a alguien a hacer algo puede ser humillante; sin embargo, sugerirlo con una pregunta u ofrecerle tu ayuda si la necesita puede ser una manera excelente de fortalecer la relación y crear un clima de confianza. Tu apoyo, o simplemente tu compromiso de apoyo, será apreciado. Puede que no se acepte la primera vez que se le ofrezca, pero cada vez será más probable que no se tengan reparos para aceptar ayuda las siguientes veces.

(15) Cuando estés en modo *líder-coach* puedes alentar a tus propios equipos a que sean *coaches* de sus propios equipos a su vez o de sus compañeros.

(16) Esta clase de preguntas realmente pueden desconcertar porque son inesperadas. Primero el *coach* da su aprobación, luego pide que se mire en la otra dirección. La idea es moderar el entusiasmo y considerar todos los ángulos del problema para crear una perspectiva más realista. Esta estrategia se puede utilizar de la misma manera para combatir el desaliento y animar a la persona con preguntas como «*¿Qué aspecto positivo podemos encontrar en lo que pasó?*», «*¿Qué fue lo que no estuvo tan mal?*».

(17) En ocasiones las respuestas son demasiado vagas e imprecisas. En esos casos necesitamos presionar e indagar un poco más.

(18) Hemos utilizado esta técnica de las dos columnas en múltiples ocasiones con clientes, especialmente cuando la persona afronta el problema con vistas a salir temporalmente del apuro, evitando todo tipo de conflictos, o al menos tapándolos lo más posible sin recibir críticas ni ser enjuiciados y tratando de contentar a todo el mundo. Esta estrategia puede ser útil en determinados momentos, pero no siempre. Llamamos a esta estrategia «Sobrevivir». Las acciones y comportamientos de este método están en la columna de la izquierda, y las de la estrategia «Vivir», como las denominamos, se sitúan en la columna de la derecha. La estrategia «Vivir» consiste en ser asertivo con el fin de conseguir nuestros objetivos y propósitos. Simplemente, darse cuenta de que se pueden encarar los problemas de una

manera diferente y meditar sobre el tipo de comportamientos deseables incrementa las probabilidades de que el individuo haga uso de ambas estrategias de una manera más adecuada en el futuro.

BREVES RECOMENDACIONES FINALES SOBRE LA ASERTIVIDAD

1. **Asertivo** es alguien que dice lo que piensa y siente con sinceridad, pero además en el momento oportuno y en el lugar y de la manera adecuadas con la intención de ser constructivo. Conlleva conseguir el equilibrio entre ser pasivo y agresivo, protegiendo sus intereses, al tiempo que es considerado con los demás.

2. **La asertividad está vinculada con la autoestima y la confianza en uno mismo.** Las personas con alta autoestima, confianza en sí mismas y emocionalmente equilibradas son más proclives a no utilizar mecanismos de defensa relacionados con la comunicación tanto pasiva como agresiva. Un incremento de la autoestima y la autoconfianza aumenta normalmente los niveles de asertividad y viceversa, por lo que como *coaches* tenemos que comprender que mejorar la asertividad puede ser una solución para la falta de autoestima y autoconfianza.

3. **Un conflicto no es necesariamente bueno ni malo.** Tanto si es externo como si es interno, es importante saber gestionarlo. Si nuestro diálogo interno (lo que pensamos) difiere en gran medida de nuestro diálogo externo (lo que decimos; comunicación pasiva), o ambos son prácticamente iguales (comunicación agresiva),

habrá conflicto externo, interno o ambos. La clave para gestionarlo de manera eficiente es la asertividad.

4. **Fomenta el ser consciente de las reacciones y comportamientos propios**. Como *líder-coach* ayuda a que la persona se dé cuenta de sus pautas de comportamiento y reacciones, de manera que se conciencie de las estrategias que emplea a nivel subconsciente. La idea es inculcar modelos de comportamiento y respuestas que puedan ser usadas en situaciones similares en el futuro para ayudar a que el colaborador reivindique y defienda sus intereses.

5. **Pequeños cambios**. Modificar la asertividad de un individuo viene a ser lo mismo que cambiar cualquier hábito o comportamiento; requiere tiempo e ir paso a paso. La clave para un *líder-coach* que desee incrementar la asertividad de un individuo es proponerle pequeños retos. En el caso de un individuo pasivo, puede ser aprender a decir «No» en unas circunstancias determinadas para reafirmar sus derechos y defender sus intereses. Poco a poco se pueden poner retos de mayor envergadura.

De la misma manera podemos pedir a un individuo más agresivo que ceda en algo, por pequeño que sea, en lo que no hubiera transigido normalmente: «*Si lo prefieres podemos ir a cenar a un italiano en vez de a un japonés*». De nuevo, con pequeños pasos se consiguen grandes cambios.

6. REUNIONES EFECTIVAS DE EQUIPO

EL CASO

El Myers High School es uno de los mejores colegios de Londres y está en el ranking TOP5 de los más prestigiosos a nivel nacional. Además, cada año suele obtener algún premio de calidad de la enseñanza; incluso es un referente a nivel mundial en el estilo de aprendizaje por una herramienta específica y patentada desde hace años.

Sin embargo, no todo es perfecto dentro del Myers.

Mike es el responsable de los profesores de Matemáticas y durante las reuniones quincenales que tienen se producen muchísimos conflictos y discusiones innecesarias, lo que hace que las reuniones se alarguen sin ningún tipo de control y que además parezcan más una perdida de tiempo que un espacio dedicado a coordinar a todo el departamento.

Además, el Myers, en su política de mejora continua, ha decidido este año introducir un programa de excelencia en reuniones mediante una formación que ha impartido Coach&Success Ltd., consultora especializada en crear equipos de alto rendimiento a través de reuniones, con una metodología muy concreta llamada *shadow-coaching* o *shadowing*. Después de la formación, la consultora realiza lo que llaman una «implantación» del modelo de reuniones. Un *coach* especializado asiste a todas y cada una de las reuniones de equipo del colegio con el fin de dar *feedback* de cómo se ha llevado a cabo el modelo.

El equipo de Mike tiene estos encuentros dos veces al mes en lunes alternos y el 4 de abril, Robert, *coach* del equipo de Coach&Success Ltd., estará «en la sombra» observando todo lo que ocurra para poder mejorar lo que haya observado.

Fecha: 4 de abril de 2019
Hora: 14:02 h
Lugar: Sala de reuniones del departamento de Matemáticas
Asistentes: Mike (jefe de equipo), Ana, Steve, Marta, Laura y Robert (coach especialista en equipos)

Mike: ¡Hola chicos! Gracias por la puntualidad, a todos que estáis aquí, claro.

(Este comentario genera unas cuantas sonrisas en el equipo y miradas entre ellos).

ANA: Jajajajá, qué manera más fina tienes de echar la bronca a Steve, Mike, jajajajá,

MIKE: Ya sabes, Ana. Creo que Steve es incorregible, y eso que el otro día estuvimos en la formación de reuniones efectivas. Pero en fin, voy a pasar página y a empezar con la reunión. Como bien sabéis, el colegio quiere que empecemos a tener las reuniones de coordinación de departamentos con este nuevo sistema que nos ha enseñado la consultora Coach&Success. Para esto tenemos aquí a Robert.

Robert es un *coach* especialista en el modelo que nos han enseñado y va a estar en esta reunión de coordinación para darnos *feedback* al finalizar.

ROBERT: Hola a todos. No quiero quitaros tiempo de vuestros asuntos, así que me sentaré aquí al fondo de la sala. Por favor, comportaos como siempre lo hacéis. Como si yo no estuviera aquí. Si tenéis alguna duda durante la reunión la podéis apuntar y la resolveré al finalizar el *feedback*. Prefiero que no rompáis la dinámica normal que llevéis habitualmente.

MIKE: Muchas gracias, Robert. Para poder tener tiempo de llevar a cabo el *autofeedback* sobre la reunión que nos explicaron en la formación vamos a tener que alargar las reuniones 15 minutos, así que finalizaremos a las 15:15 h, en lugar de las 15:00 h.

MARTA: (*Con tono de resignación y mirando hacia otro lado*). Da igual Mike, siempre acabamos las reuniones media hora tarde o incluso más, así que no tienes que disculparte por nada.

MIKE: Estoy de acuerdo contigo y por eso Robert está aquí. La idea es que empecemos a corregir todos los errores que teníamos y ser más efectivos. ¿Os parece bien?

(*Todos responden afirmativamente, aunque con poco entusiasmo, como dando la sensación de que todo eso no va a servir para nada y que es la típica técnica que está de moda en las empresas*).

MIKE: Ok, vamos a empezar con el primer tema que tenemos…

(*Se abre la puerta de la sala de reuniones de forma brusca y entra Steve interrumpiendo a Mike*).

STEVE: Perdonad por el retraso. Me acaba de coger por banda el padre de un alumno y es que no me soltaba. Alucino con la gente que no se da cuenta de que los demás tenemos que trabajar. Bueno, disculpa, Mike, continúa.

(*Se escuchan varias risas del resto del equipo, al ver la situación entre Steve y Mike*).

MIKE: Gracias, Steve. Decía que vamos a empezar con el primer tema que tenemos. Como bien sabéis, el colegio quiere cambiar las *tablets* por iPads de todos los niños. Estamos analizando qué Apps son las más idóneas para cada curso y nos estamos reuniendo con proveedores de estas aplicaciones que son los...

MARTA: *(interrumpiendo a Mike con un tono fuerte y una tensión en las manos desproporcionada)*. ¡Pero, vamos a ver! Hace tres años tuvimos una formación muy intensa sobre el uso de aplicaciones para Android y el colegio gastó muchísimo dinero y mucho tiempo de los profesores para que los alumnos aprendieran Matemáticas de forma agradable y ahora venís con la moda de los iPads de las narices. No he visto mayor falta de criterio en un colegio en mi vida. No podemos estar mareando a los alumnos con chorradas del tipo «ahora Android y ahora cambio a la manzanita»; lo importante es que aprendan Matemáticas, como hemos hecho todos toda la vida, con papel y bolígrafo, o como mucho con un ordenador. Además, seguro que en su casa están todo el día pegados a la dichosa pantallita con juegos. ¿Quién les va a controlar para que no jueguen en lugar de hacer los deberes? ¿Tú, Mike? Porque yo no voy a estar como un policía.

MIKE: *(en un tono bastante bajo y a un ritmo lento)*. Yo lo que trato de comentaros son las intenciones de la dirección respecto a este tema. El comité de dirección va a poner en marcha esta iniciativa y nosotros nos tendremos que adaptar, nos guste o no.

MARTA: ¡Perfecto! Si lo que funciona aquí son las medidas autoritarias me parece bien, pero creo que el fascismo hace tiempo que dejó de tener seguidores. Además, ¿quién va a hablar con los padres de los alumnos? Me refiero a que he estado oyendo que el colegio no va a pagar los dichosos iPads, que los tienen que pagar los padres... Vamos, que yo no voy a discutir con un padre sobre algo que me han impuesto.

ANA: ¡Estoy hasta el gorro! Tengo que trabajar con los niños y ahora también con los padres para que les compren a los niños el dichoso juguetito. ¿Por qué no le pedimos a la dirección que obligue a los padres a que lleven a sus hijos a Disney World? Estimula la creatividad durante el crecimiento. ¡Esto es la monda!

MIKE: (*en un tono mucho más fuerte que en el comentario anterior*). Vamos a ver. Trasladaré todo lo que me estáis diciendo a la dirección, pero no os prometo nada.

ANA: Ni lo prometes, ni lo puedes prometer. Ahórrate la saliva, que te va a venir bien para dar clase. Intentar persuadir a este comité de dirección es más difícil que beberse una botella de coca-cola de un tirón sin llorar, jajajajajá. ¡Vamos, que pases olímpicamente, Mike!

MIKE: Bueno, voy a continuar con los temas que tenemos para hoy. Solo quería avisaros de cómo va el proyecto Ipad en el colegio.

El siguiente tema que tenemos hoy es el de ver los errores que hemos cometido con los exámenes. Steve me comentó que los dos últimos que ha hecho él tenían varios errores y no sé si habéis visto alguno más con erratas.

STEVE: Por mi parte no he visto ninguno más. Aunque creo que puede haber más fallos, porque no me he detenido en todos los exámenes que quedan hasta final de año.

MIKE: En los de mi nivel de momento no he encontrado más errores, pero todos tenemos que poner de nuestra parte y mirarlos exhaustivamente. ¿Qué os parece si comprobamos los fallos de todos los niveles?

ANA: Si te parece dejo de dormir por la noche y me pongo a trabajar en busca de errores ajenos. *En su tono irónico habitual).* Yo creo que cada uno debe mirar únicamente los de su nivel para ir más rápido.

MARTA: Puff, yo estoy hasta arriba de trabajo. No creo que me dé tiempo en los próximos quince días a mirar nada. Además no me apetece corregir los errores de los demás. Los que ha habido en las últimas semanas no han sido míos y creo que cada uno debe apechugar con lo suyo.

MIKE: Está bien. Dejémoslo en que cada uno vamos a mirar lo relativo a nuestro nivel. ¿Os parece bien?

RESTO DEL EQUIPO: Sí, está bien *(en un tono de poca energía y como con poco compromiso).*

MIKE: Bueno, entonces nos queda hablar de la auditoría externa de la ISO. Como sabéis, el próximo miércoles van a venir los auditores a conocer todo el sistema de calidad que hemos implementado. Puff, no me va a dar tiempo a comentar este tema, así que voy a ir rápido. Lo más importante es deciros que tengáis todo listo para el miércoles y que si tenéis alguna duda me enviéis un *email* porque este sello de calidad es muy importante para la dirección del centro. ¿Todo bien?

RESTO DEL EQUIPO: Sí, todo bien.

MIKE: Entonces pasemos al *autofeedback* rápidamente. Nos quedan diez minutos, así que vamos a ir por orden y como nos enseñaron. Dos aspectos positivos y uno a mejorar de la reunión de hoy. ¿Quién quiere empezar? Yo prefiero ser el último para no condicionar la reunión.

ANA: Venga, empiezo yo. Creo que la reunión en general ha ido bien. Hemos estado muy centrados en todos los temas que teníamos que tratar y nos hemos dicho las cosas a la cara, con sinceridad. A veces hemos sido un poco bruscos pero a mí en general me he gustado.

MIKE: ¿Y el aspecto de mejora?

ANA: Ah, es verdad… pues, ni idea. Quizás empezar a la hora ya que hemos perdido un poco de tiempo esperando a Steve. *(Ana mira a Steve con sonrisa pícara y sacándole la lengua tratando de molestarle).*

STEVE: Bueno, voy yo. En primer lugar me quiero disculpar por el retraso. No ha sido culpa mía, como ya os he dicho. Yo también he visto la reunión bastante buena como siempre. Personalmente me ha gustado enterarme de algunas cosas que no sabía, como es el tema de la ISO de calidad, así que por esa parte muy bien. Y, como punto de mejora, me lo voy a aplicar personalmente y en la próxima reunión me comprometo a ser más puntual.

MIKE: Gracias, Steve. ¿Quieres tú ahora, Marta?

MARTA: No sé qué más decir aparte de todo lo que han dicho Ana y Steve. Me parece un poco chorra tener que dar un *feedback* final de la reunión. Creo que todos somos mayorcitos para saber qué es lo que debemos hacer y qué no, así que no tengo mucho más que opinar.

MIKE: Como quieras, Marta. Pero te recuerdo que es una metodología que la dirección qui…

MARTA: Que ya lo sé, Mike, que ya lo sé, qué pesado. Todo lo que tú quieras, pero a mí me parece una pérdida de tiempo.

MIKE: Ok, está bien, Marta; no voy a discutir más este tema contigo. ¿Y tú, Laura?

LAURA: Bueno, la verdad es que no sé mucho de reuniones. En general me ha parecido buena, aunque con demasiados conflictos. No nos llevamos mal entre nosotros, pero me da la sensación de que Robert se está llevando una sensación equivocada. Lo único que cambiaría es tener un poco más de calma cuando no pensemos todos por igual. Aunque ya os digo que no estoy muy acostumbrada a reuniones tan duras de este tipo.

ANA: ¡Tranquila, Laurita! En este colegio al final te sale un callo bien grande y dentro de un par de meses no notarás ni picores en la espalda. Vamos, que vayas comprando un bono de masajes en algún spa cerca de tu casa, jajajajajajá. *(Ana en su tono irónico).*

MIKE: A mí me gustaría decir, para completar el *feedback*, que en la reunión en general hemos tocado todos los puntos que teníamos en la agenda y que hemos empezado a la hora más o menos en el tiempo que teníamos previsto. En mi opinión no hay que ser tan estrictos ya que empezar 5 minutos tarde una reunión no es tan grave. Como punto de mejora diría que sobre todo Marta y yo hemos acaparado la reunión y para que esta sea efectiva creo que debe tener un toque más plural. Pero bueno, en general estoy satisfecho respecto a otras veces. Ahora, Robert, si te parece, puedes dar un *feedback* más profesional. Te quedan casi los 10 minutos que me habías pedido.

(Robert se acerca a la mesa y se sienta entre el equipo de Matemáticas para dar su opinión sobre lo que ha ocurrido en la reunión que acaban de realizar).

ROBERT: *(Con un estilo muy directo y agradable, sin crear tensión).* Lo primero que quiero deciros es que este *feedback* que os voy a dar es personal. Quiero decir con esto que no es la verdad absoluta y que este no es un espacio para debatir si tengo o no tengo razón. Mi opinión os la quedáis y tomáis lo que os sirva y lo que no os sirva, o con lo que no estéis de acuerdo lo dejáis a un lado. ¿Os parece bien?

EQUIPO DE MATEMÁTICAS: Sí, claro. Sin problema *(dicen casi todos al unísono).*

ROBERT: Voy a empezar a dar el *feedback* a todo el equipo y a continuación a cada persona individualmente. La reunión la habéis empezado cinco minutos tarde, porque estabais esperando por Steve. No está ni mal ni bien empezar una reunión con cierto retraso. Lo que tenéis que establecer son las normas que queréis implantar en este equipo en general. Una de ellas es la puntualidad. En ese caso debéis ser muy específicos, es decir, tenéis que responder a las preguntas: ¿Cuándo empezaremos las reuniones exactamente? ¿Con qué número mínimo de personas? ¿Qué personas son imprescindibles para empezar la reunión? Así podéis decidir empezar exactamente a la hora, con 5 minutos de retraso, cuando esté más de la mitad del equipo, etc.

En la reunión habéis estado hablando de varios temas, aunque no he escuchado la voz de todas las personas por igual. Mike, que es el jefe de equipo, es quien ha tenido más protagonismo en toda la reunión, seguido de Ana y de Marta. Sin embargo, a Steve le he escuchado pocas aportaciones y a Laura prácticamente ninguna.

LAURA: Es cierto, Robert; la verdad es que yo no…

ROBERT: Espera, Laura; te voy a cortar un momento y te pido disculpas. Para ser mucho más efectivos con el *feedback* es mejor que no me interrumpáis. Quiero decir que el objetivo no es que discutamos hasta llegar a un acuerdo, sino que yo os diga qué he observado y vosotros, personalmente y como equipo, os quedéis con lo que os sirva.

LAURA: Sí, perdona, Robert. Quería explicarte por qué había estado callada, pero tienes razón; escucharé sin más.

ROBERT: Gracias, Laura. Continúo entonces con lo que estaba comentado. Uno de los errores que se comenten en las reuniones es que la participación está muy desequilibrada. En este caso lo ha estado y el equipo es responsable de que los más activos en las reuniones sepan calmar sus comentarios y serán mucho más escuetos con el tiempo que utilizan en la reunión y, por otra parte, los menos activos deben darse cuenta de si no han participado o apenas lo han hecho.

Os recomiendo que si no sois capaces de lograr un equilibrio en la participación, designéis un moderador en cada una de ellas para que se ocupe de este asunto.

Otro aspecto que destaco de esta reunión son los tiempos que les habéis dado a los puntos que habéis tratado. Al preparar una reunión es importante asignar tiempos a cada uno de los temas que vais a tratar para evitar lo que ha pasado hoy: que no ha dado tiempo a poder hablar de la ISO de calidad. El tiempo de inicio y de fin de la reunión os va a indicar los minutos que tenéis para repartir entre los diferentes puntos que tenéis que tratar para así evitar ir a la carrera en algún asunto importante o que alguno en particular se extienda demasiado.

MIKE: Robert, ¿te puedo hacer una pregunta?

ROBERT: Sí, claro.

MIKE: ¿Quién es el encargado de marcar esos tiempos?

ROBERT: Normalmente los designa quien ha preparado la reunión; es decir, el responsable, aunque podéis definir los tiempos entre todos al inicio; no os llevará mucho.

MIKE: Ah, entiendo. Gracias.

MARTA: ¿Y qué pasa si no nos da tiempo a finalizar un tema en el tiempo asignado? No me parece lógico tener que acabar algo sin rematar porque hayamos asignado unos tiempos erróneos. No lo veo nada sensato.

ROBERT: Definir tiempos en una reunión no tiene nada que ver con la rigidez, sino con la organización. Vosotros sois los dueños de este espacio y tenéis que ser responsables de ajustar vuestras participaciones para llegar al fin de la reunión con los temas resueltos. Ahora bien, respondiendo a tu pregunta, si vais con mucha prisa por terminar un tema, no pasa nada; lo extendéis y acortáis el siguiente. Todo tiene un precio, así que esto os ayudará a ser más precisos en el uso de vuestro tiempo.

Y, como último aspecto, me gustaría destacar las acciones que habéis fijado. En el caso de los errores en los exámenes, ha quedado más o menos claro que cada uno ibais a mirar los exámenes de vuestro nivel con el fin de buscar fallos. Esto es lo que debéis hacer en cada uno de los puntos: decidir qué vais a hacer y quién se encarga de qué. En vuestra reunión ha habido puntos que son más bien informativos, en los que Mike os ha estado comentando lo que opinaba la dirección; sin embargo, hay otros temas que son «para solucionar», y es ahí donde tenéis que dejar muy claro quién y cómo se va a realizar esa acción. Además, esas acciones deben ir por escrito en un acta pública que todos podáis ver para poder hacer un seguimiento de las mismas.

Y creo que eso es lo que os tenía que comentar a nivel de equipo. Ahora voy a pasar con los aspectos individuales.

Steve, voy a empezar por ti, si te parece bien.

STEVE: Sí claro, Robert. Dispara.

ROBERT: Jajajajajajá. No voy a disparar, tranquilo; solo un par de detalles. Steve, en mi opinión has tenido una participación más baja que la media del equipo. Sin embargo, por otra parte has tenido una actitud de escucha al resto de personas muy intensa. Tener ese nivel de atención es muy positivo, pero recuerda que la virtud está en el equilibrio entre escuchar y participar, ya que al resto del equipo le interesa saber tu opinión sobre los temas y sin ti el equipo está cojo.

Mike, en tu caso quiero agradecer tu rol de responsable de la reunión y de empezar a integrar este modelo de reuniones que, aunque al principio puede ser un poco complicado, será gratificante más adelante, cuando no tengáis que pensar en él. Respecto a ti, te quiero comentar que si vas a hacer de moderador en la próxima reunión, un aspecto que no se te tiene que olvidar es el de equilibrar la participación de todos. En este caso, tendrías que haber prestado más atención a Laura, que...

LAURA: *(Interrumpiendo a Robert)* Perdona, Robert, es que tú no sabes que yo llevo solo tres semanas trabajando en el colegio y prácticamente no puedo hablar de casi ningún tema porque estoy aprendiendo. Prefiero no estar interrumpiendo la reunión y estar más centrada en el aprendizaje.

MIKE: Sí, es como dice Laura. Lleva poco más de quince días en el departamento y está aprendiendo cómo es nuestra forma de trabajar. De hecho ahora mismo no tiene clases; simplemente asiste a reuniones y nos ayuda a preparar documentación, y dentro de una o dos semanas empezará ya con su programación.

ROBERT: Estoy de acuerdo en todo esto que me comentáis. Sin embargo Laura es una persona inteligente y viene con un aire fresco. Es importante aprovecharlo porque dura un tiempo limitado.

Que Laura aporte su visión sobre los temas que tenéis, con otras formas de analizar lo que os pasa y quizás otras maneras de resolver los desafíos que tengáis en el departamento, es un regalo que no podéis desaprovechar, ya que al venir de otro centro puede aportar su conocimiento de cómo hacer las cosas desde otro punto de vista. Esto es muy valioso pues dentro de poco Laura sufrirá un proceso de alineación con vosotros. Esto es muy curioso porque en general no nos damos cuenta de ello. Laura absorberá las creencias y la cultura del colegio rápidamente y dejará de pensar con la mente fresca que tiene ahora. Eso no lo debéis de perder.

Ana, voy a continuar por ti, si te parece bien.

ANA: Adelante, por favor.

ROBERT: Ana, a la hora de comunicarte con tu equipo adoptas una postura como tratando de inyectar humor en toda la reunión. Ese es un aspecto muy positivo de tu forma de comunicación ya que el humor es una de las claves que tienen los equipos de alto rendimiento. Sin embargo, si es continuo parece que trata de ocultar una comunicación más directa.

Quiero decir con esto que es bueno que equilibres el humor con los mensajes directos a las personas. Esto forma parte de la comunicación asertiva. Decir a los demás lo que piensas de una forma que no les agredas puede ser una clave para mejorar tu auto-liderazgo personal.

Marta, voy a finalizar contigo. En tu caso, lo que más destaco de ti como aspecto positivo es tu grado de implicación e interés por resolver los temas. De hecho has sido la persona más activa en la reunión. Eso es estupendo por una parte, aunque tienes que recordar que si te das cuenta de que estás acaparando mucho la atención, deberás contenerte y fomentar el que otras personas puedan hablar. Por otra parte, tu estilo de comunicación está demasiado centrado en la queja. Me refiero a que las reuniones deben estar centradas principalmente en la búsqueda de soluciones más que en el victimismo.

MARTA: No estoy de acuerdo contigo. Si alguien no se queja no puede haber puntos de mejora y...

ROBERT: Lo sé, Marta. Con esto no quiero decir que en un principio no sea necesario destacar lo que no está funcionando, pero solo en un principio. Instantes después, el foco debe mirar hacia la posible solución o soluciones. Esta es una manera de ver el mundo mucho más constructiva, eso es todo.

Y, por mi parte, ya he acabado. Espero que os haya servido este *feedback* y que cada uno se quede con aquello que más le haya podido aportar.

MIKE: Muchas gracias por tus comentarios, Robert. Creo que han sido muy productivos y que nos ayudarán mucho a mejorar. ¿Vas a acompañarnos en más reuniones?

ROBERT: Sí, vendré, pero será más adelante. La intención ahora es que tengáis un tiempo vosotros para auto-corregiros y yo posiblemente asista a otra reunión dentro de un mes y medio para ver la evolución.

MIKE: Perfecto. Muchas gracias por todo.

RESTO DEL EQUIPO: ¡Gracias!

Todos los participantes se van de la sala y al cabo de dos semanas se vuelven a reunir en el mismo sitio. Esta vez ya sin Robert.

Fecha: 18 de abril de 2019
Hora: 13:55 h
Lugar: Sala de reuniones del departamento de Matemáticas
Asistentes: Mike (jefe de equipo), Ana, Steve, Marta y Laura

(Los asistentes van llegando a la sala, primeramente Mike, después Ana, Laura y por último Marta).

MIKE: ¿Sabemos algo de Steve?

LAURA: Le acabo de ver hablando con un alumno en el pasillo. Supongo que llegará ahora.

MIKE: Está bien. Todavía no es la hora, pero me gustaría recordar un aspecto de la puntualidad que remarcó el otro día Robert. Tenemos que decidir cuándo empezar una reunión; me refiero a cuáles son las normas para empezar y qué hacer cuando no se cumplan.

MARTA: Creo que todos tenemos que ser puntuales. Si somos responsables no nos van a hacer falta normas.

MIKE: Sí, Marta; sin embargo tenemos que tener un plan B. Ahora mismo Steve no ha llegado y mi pregunta es ¿tenemos que empezar la reunión o esperar hasta que llegue él? Y es más, pueden existir infinidad de casos como el que haya solo dos personas en la reunión, etc. ¿Deberíamos empezar con solo dos personas?

ANA: Yo propongo que con que estemos el 50% de nosotros, empiece la reunión.

LAURA: Me parece bien, aunque yo añadiría 5 minutos de cortesía. En mi anterior colegio siempre esperábamos 5 minutos aunque ni uno más.

MIKE: Me parece buena idea. Entonces establecemos como norma...

(Steve entra rápidamente en la sala sentándose en la primera silla que ve libre).

STEVE: Disculpad por mi retraso de nuevo. Sé que soy un desastre, lo siento.

MIKE: Has llegado justo a tiempo, Steve. Estábamos hablando de que vamos a poner una norma de puntualidad en las reuniones. Tranquilo, no tiene que ver contigo, tiene que ver con las normas que debemos establecer dentro del equipo. Vamos a ir construyéndolas a medida que vayamos viendo errores, así todos trabajaremos con las mismas ideas. Entonces, según lo que hemos hablado, con que el 50% de los participantes de una reunión estén presentes pasados 5 minutos se empezarán todas las reuniones.

Bueno, son las 14:07 h según mi reloj, así que podemos comenzar con los temas que tenemos hoy y nos reservamos 5 minutos para el *feedback* final.

El primer tema que tenemos es la implantación del sistema de Ipad en el colegio. La dirección ya ha enviado un primer comunicado a los padres para que sepan qué iPads tienen que comprar.

MARTA: ¿Y cómo ha sido la respuesta?

MIKE: En un principio bastante buena. Solo ha habido dos quejas de dos padres. En un caso porque la familia de una niña tiene problemas económicos y el colegio va a analizar cómo ayudarles, y en otro caso son los padres de ese chico de 5º con los que siempre tenemos líos, así que en general la dirección se ha tomado la respuesta como muy positiva.

MARTA: Hay veces en que los padres no se atreven a chocar con el colegio por no tensar las relaciones. Para saber qué piensan realmente lo mejor es hacer una encuesta anónima y así evaluar este y otros cambios que se quieran hacer en el colegio.

MIKE: Me parece buena idea. Se lo voy a transmitir a la dirección para que lo contemplen por si les resulta interesante. ¿Qué opináis los demás?

ANA: A mí me gusta la idea. Es interesante saber la opinión de las personas a través de encuestas, no solo de los que hacen ruido. Además, el colegio puede usar herramientas *online* para saber la opinión de las familias y son muy sencillas de utilizar y muy económicas. Posiblemente el departamento de Informática nos pueda echar una mano con todo esto.

MIKE: Perfecto. Lo he apuntado todo. Ya os comentaré en la próxima reunión lo que han dicho de esta idea.

El siguiente punto de hoy es el compromiso que teníamos de la reunión de hace 15 días de repasar los exámenes de nuestro nivel para ver errores. ¿Qué habéis hecho al respecto?

STEVE: He hecho un pequeño informe de los errores que he visto para comentarlos con vosotros y lo colgué en la Intranet el pasado viernes. No sé si habéis tenido tiempo de mirarlo.

ANA: Ah, ¿pero teníamos que colgarlo en la Intranet?

STEVE: Yo supuse que sí, pero igual fue cosa mía, no lo sé.

ANA: No, si me parece bien el colgarlo en la Intranet. Simplemente que yo no lo he hecho. Yo he traído aquí impresos los errores que he detectado.

MARTA: Da igual, chicos; no perdamos el tiempo en si lo teníamos que colgar o no. La pregunta es ¿qué vamos a hacer con todos los errores que hemos sacado? ¡Tenemos que optimizar el tiempo!

MIKE: Creo que nos puede llevar toda una reunión analizar los errores de los exámenes. Eso lo podemos hacer individualmente, así que ya que todos tenemos aquí el listado de fallos de nuestros niveles os propongo que pasemos nuestra lista a otro para que los corrija y compruebe lo que hemos hecho.

LAURA: Perdona, Mike, pero no te he entendido.

ANA: Mike quiere decir que tú vas a corregir los errores de la lista de Steve y Steve los tuyos.

LAURA: Ah, perdona. Me parece bien.

MIKE: ¿Quedamos en tener repasado esto para dentro de dos semanas?

RESTO DEL GRUPO: Sí (*contestan todos al unísono*).

MIKE: Un último tema que quiero comentaros es el de la auditoría ISO que hemos tenido en los últimos días. No tenemos informes preliminares todavía, pero dentro de poco la empresa que está realizando el trabajo nos informará de aspectos que tenemos que corregir, por lo que es importante que estéis muy atentos al correo a diario, por si nos piden realizar alguna tarea de un día para otro.

MARTA: Como vas a ser tú quien estará encargado de enviarnos esos correos, creo que es mejor que si es algo muy urgente nos avises por teléfono a los que tengamos cosas que hacer.

MIKE: No me puedo comprometer a eso, Marta. Con que miréis el email un par de veces al día, una antes de ir a comer y otra al finalizar la jornada, es más que suficiente.

STEVE: Podemos hacer una cosa. Estos días envía los emails de la auditora con copia a todos y, si vemos que es algo urgente entre nosotros, nos lo decimos, porque algunos del equipo seguramente coincidiremos en los pasillos.

MIKE: Gracias, Steve. Prefiero que sea así. Estoy con muchas reuniones estos días por el diseño del programa de Inteligencia Emocional dentro del centro y no estoy seguro de poder llegar a todo.

Bueno, vamos a pasar al *feedback* final si no tenemos más temas pendientes.

Para hacerlo más rápido, os propongo que hagamos una rueda en donde cada uno comente un aspecto de mejora y un punto fuerte del que tengamos a nuestra derecha por ejemplo, porque si lo hacemos de todos con todos se nos va demasiado tiempo.

LAURA: Entonces nos tenemos que comprometer a cambiar en todas las reuniones de compañero para que no demos *feedback* siempre a la misma persona.

MIKE: Me parece muy buena idea. Entonces, Laura, ¿quieres comenzar?

LAURA: Sí, claro. Vamos a ver, Marta, un aspecto positivo de la reunión de hoy es que te has enfocado mucho más en la solución y menos en la queja. Creo que es un gran avance que yo he notado en todos tus comentarios y me he sentido mucho más cómoda. Y, como aspecto de mejora... ummm no sé.... Qué difícil es esto... *(mientras, Laura se toca la nuca, con una cara entre preocupación y nervios).*

MIKE: Tómate el tiempo necesario, Laura. Estamos aprendiendo y dar *feedback* no siempre es fácil. Si os parece bien, cuando no sepáis qué decir de alguien en particular, podéis dar un *feedback* genérico a todo el grupo.

LAURA: Ah, mucho mejor. No sé qué decirte para mejorar, Marta; igual en las siguientes reuniones sabré decírtelo. Ahora bien, para el grupo diría que es importante que en cada reunión vayamos realizando una serie de normas y que las apuntemos en una hoja para que no se nos olviden. Hoy hemos hablado de la puntualidad, pues el próximo día podemos hablar de otra norma y así ir haciendo un listado de las 10 más importantes. Digo 10 por poner un número, pero pueden ser más o menos. Ahora tú, Marta... *(lanzando un guiño de complicidad).*

MARTA: Me toca ahora. Bueno, Steve, un punto de mejora es la puntualidad. Es la segunda reunión consecutiva a la que llegas un poco tarde y creo que debes poner más atención a este tema. Y como aspecto positivo, para mí ha sido tu idea del email con copia para descargar a Mike de tanto trabajo y que no nos tenga que estar avisando de algún tema urgente estos días. (*Marta le hace un gesto con la barbilla para dar paso a Steve*).

STEVE: Ana, como aspecto importante destacaría tu idea de las encuestas *online,* que me ha parecido muy oportuna y que yo particularmente desconocía y, como punto de mejora, voy a ir al equipo porque no sé qué decirte directamente. Creo que en cada reunión deberíamos ir rotando de moderador para equilibrar más la participación y que todos podamos ir aprendiendo a equilibrar y dirigir las reuniones, porque hay veces que me da la sensación que se monopoliza algún tema por una o dos personas.

ANA: No sé por dónde empezar, Mike. En mi opinión me gustan mucho tu tranquilidad y la confianza que expresas en las reuniones. Es algo que todos deberíamos aprender de ti. Y como mejora, pues no sé; quizás podemos hacer las reuniones de vez en cuando en la cafetería para que no sean tan formales y así darles un toque un poco más fresco y menos rígido.

MIKE: Gracias, Ana. Yo quiero proponer como aspecto de mejora que no solo una persona sea moderadora sino que además otra esté apuntando el *feedback* al final de la reunión y durante esta apunte los compromisos de acción para no tener el mismo fallo de hoy, que no sabíamos si teníamos o no teníamos que subir la lista de errores a la Intranet. Y como aspecto positivo… Laura, te diría que he notado un gran avance en tus aportaciones y en la confianza para hablar con el equipo al no tener miedo de meter la pata, así que enhorabuena. (*Laura se sonroja mirando hacia sus pies*). Así que aquí cerramos el *feedback* y la reunión. Muchas gracias a todos. Mañana a primera hora nos vemos.

RESTO DEL EQUIPO: Muchas gracias. ¡Hasta luego!

COMENTARIOS DEL LÍDER-COACH EXPERTO

Aquí tenemos un caso típico de mejora de reuniones a través de un *coaching* de equipo de estilo *shadow-coaching*, es decir con un coach en la sombra de la reunión.

El *shadow-coaching* es una aplicación del *coaching* ejecutivo, cuya diferencia principal respecto al método tradicional estriba en que el *coach* está observando en tiempo real las reuniones que realiza el mánager con su equipo en su lugar de trabajo habitual. Otra opción es focalizarse en el equipo, como este caso, en el que el *coach* observa a todas las personas como un sistema.

En la primera modalidad, donde el foco principal es la comunicación, la inteligencia emocional y el estilo de liderazgo del responsable de equipo, se llevan a cabo los siguientes puntos:

Antes de la observación de la reunión, el *coach* ayuda al mánager a prepararla mediante una toma de conciencia de los aspectos en los que se quiere enfocar y en los que quiere mejorar respecto a reuniones anteriores.

Después de la observación en directo, el *coach* ayuda al mánager a identificar los puntos fuertes de esas reuniones y los puntos de mejora. Uniendo la percepción del responsable sobre sí mismo y a la percepción del *coach*, se logran resultados extraordinarios, ya que lo que se busca es que haya dos mentes trabajando al unísono con el fin de crear una mayor conciencia que lleve a un cambio de comportamiento. Además, la mirada del *coach* como agente externo y sin más propósito que la mejora de su cliente crea una relación totalmente armoniosa con este.

El *shadow-coaching* también tiene la modalidad de equipos, como hemos visto en este ejemplo; es decir, el foco es el equipo como un sistema. El objetivo principal es crear equipos de alto rendimiento e ir puliendo los diferentes estilos de cada persona para cohesionar más al grupo.

Hay muchas preguntas que nos podemos hacer con esta metodología tan invasiva a priori. La más habitual es: El equipo al que estamos observando, ¿no se sentirá cohibido? o incluso ¿puede que cambie su forma de comportarse por el mero hecho de estar un *coach* observándolo todo?

La experiencia nos dice que las personas tienden a controlar su manera de actuar en los primeros minutos; sin embargo, según pasa el tiempo se van relajando y es ahí donde aparece su verdadero yo, e incluso muchos de ellos nos indican que se les suele olvidar que estábamos allí con ellos.

La recomendación que siempre hacemos antes de iniciar un proceso de *shadow* es que hay que explicarles a las personas involucradas cuál es el propósito de que nosotros estemos allí. Esto les ayuda a sentirse más cómodas e incluso en algunos casos promueve más apertura en la reunión porque una persona experta estará observando de forma imparcial lo que ocurre *in situ*.

Un aspecto muy potente de este modelo de *shadow-coaching*, es que el equipo está integrando una nueva metodología para darse *feedback*. El *autofeedback* en un equipo es una de las prácticas más poderosas para generar un espacio de mejora continua. Para ello, un *coach* ha debido de observar al menos en tres ocasiones al equipo para crear una inercia con el fin de darse *autofeedback* constante.

Además, en una reunión debería de existir siempre alguien que moderara a los participantes tratando de ecualizarlos para regular a las personas que más aportan y energizar a las más reflexivas con el fin de equilibrar su participación. Esta persona no debe ser el jefe de equipo en un principio, sino otra que dinamice la reunión y además que sea un rol que rote entre los asistentes.

BREVES RECOMENDACIONES FINALES SOBRE REUNIONES EFECTIVAS DE EQUIPO

1. **Ecualizar.** Esto significa que la participación de cada uno de los integrantes debe ser equilibrada, regulando al más activo y activando al más reflexivo.

2. **Moderar.** Un buen hábito es que en todas las reuniones haya un moderador que esté atento a la ecualización, dinamización de los asistentes y obviamente moderación en caso de conflictos o cuando se creen conversaciones paralelas. Este rol debe rotar cada cierto tiempo entre todos los asistentes.

3. **Alianza.** Todas las normas de un equipo deben recogerse en un documento y tendrán que ser acordadas entre todos, además de ir comprobándolas y mejorándolas continuamente.

4. **Tiempos concretos.** Cada tema a tratar en una reunión debe tener los puntos concretos a debatir y la duración de cada uno de ellos.

5. **Acciones específicas.** Al finalizar cada punto de la reunión deberá quedar claro qué se va a hacer y quién es el responsable de llevarlo a cabo.

6. **Observador externo.** La forma más transparente de integrar nuevos hábitos es con el apoyo de un experto en *shadow-coaching* que ayude al equipo a mejorar sus reuniones y su cohesión como equipo de alto rendimiento.

7. *Autofeedback.* Al finalizar las reuniones y para ir integrando los modelos de reuniones o de comunicación debe haber un *feedback* del propio equipo sincero y directo.

7. GESTIÓN DEL ESTRÉS

EL CASO

S inzime es una de las empresas farmacéuticas más grandes del mundo. Está especializada en tratamientos contra el cáncer y además es uno de los laboratorios más avanzados en investigación contra el sida.

Sinzime, no solo es una empresa puntera en investigación, sino también en Recursos Humanos. Este departamento ha lanzado un programa de desarrollo directivo que lleva en marcha casi un año, en el cual se ha impartido formación en habilidades directivas, encuestas de clima, encuestas de *feedback* 360° y *coaching* individual para todos sus directivos y mandos intermedios.

A través de la encuesta de *feedback* de 360° se detectó que uno de los directivos tenía un estilo de dirección extremadamente agresivo con su equipo de mandos intermedios. De hecho se comprobó que era uno de los departamentos con más rotación y bajas psicológicas. El proceso de *coaching* fue un total fracaso con esta persona y RRHH decidió, sin pensárselo ni un minuto, prescindir de este directivo, a pesar de que tenía unos resultados sorprendentes dentro de la compañía y de que el resto de los directivos tenían una relación muy buena con él, o al menos eso es lo que parecía a primera vista. Para sustituirlo, la empresa acaba de contratar a Caroline.

Caroline es una persona que viene del mundo de la industria química con una alta experiencia en dirección de equipos y un nivel competencial muy fuerte, sobre todo en liderazgo y comunicación, habilidades que Sinzime considera imprescindibles en su nueva política de alta dirección cualificada.

Caroline lleva casi un mes en la compañía y ha detectado que uno de sus mandos intermedios, Michael, tiene un nivel de estrés extremadamente alto. A pesar de ello su productividad es inmejorable y es uno de los empleados con mejor rendimiento dentro del departamento.

Debido a esto, Caroline decide empezar a reunirse con Michael.

....

De: Caroline Dutton
Enviado: 22 de mayo de 2019, 10:53 h
A: Michael Leafs
Asunto: Reunión

Buenos días Michael,

Cuando tengas un rato me gustaría poder hablar contigo. Esta tarde estaré en mi despacho, así que si no interrumpo nada de tu trabajo, por favor ven a verme para que podamos charlar un poco.

No es nada importante, por lo que si tienes el día muy ajetreado lo podemos dejar para más adelante.

Espero tus noticias.

Un saludo,

Caroline Dutton

....

De: Michael Leafs
Enviado: 22 de mayo de 2019, 11:56 h
A: Caroline Dutton
Asunto: Re: Reunión

Buenos días Caroline,
    Por supuesto. Podemos quedar a las 15:00 h si te viene bien a ti. Haré un hueco en mi agenda, no hay problema.
    Un saludo,
    Michael

....

De: Caroline Dutton
Enviado: 22 de mayo de 2019, 12:17 h
A: Michael Leafs
Asunto: Re:Reunión

Perfecto, nos vemos en mi despacho a las 15:00 h.
    Caroline Dutton

....

Fecha: 22 de mayo de 2019
Hora: 15:01 h
Lugar: Despacho de Caroline

—Hola Caroline, ¿puedo pasar? —pregunta tímidamente Michael.

–Hola, Michael. Sí claro, pasa y cierra la puerta por favor. Vamos a sentarnos aquí –dice apuntando a una mesa circular pequeña que tiene en su despacho–; no quiero tener el escritorio en medio de los dos mientras hablamos. ¿Te apetece agua o un café? (1)

–No gracias, estoy bien. Prefiero no tomar muchos cafés a lo largo del día.

–Haces bien. Yo debería tomar menos, pero es el comodín social que tengo y acabo tomando casi un café por reunión. ¡Y tengo más de cuatro al día!

–Bueno, Michael …

–Puedes llamarme Mike; todo el mundo me llama así y estoy más acostumbrado, pero como prefieras.

–Me parece perfecto, Mike. Tengo que empezar a aprenderme los nombres con los que os llamáis habitualmente porque hay veces que os miráis con cara rara cuando digo un nombre que no usáis desde hace años. Y tú me puedes llamar Carol, que así es como me llama la mayoría de la gente con la que tengo confianza.

–OK, Carol.

–Quizás te estés preguntando por qué nos estamos reuniendo.

Michael asiente con la cabeza con cierta intriga.

–Llevo casi cuatro semanas en la empresa y la verdad es que me he dedicado principalmente a conocer su funcionamiento y a reunirme con todas las personas con las que he podido con el fin de empaparme de todas mis funciones. Ahora es el momento de empezar a reunirme con mi equipo, es decir con vosotros. No sé exactamente cuál era el estilo del anterior director pero el mío es reunirme de forma individual con cada uno de los que estáis en la línea de mandos intermedios, cada quince días, o como mucho cada tres semanas. ¿Qué te parece?

–Si es tu estilo, lo veo bien. Con el anterior director teníamos una reunión cada dos semanas pero era de equipo, no nos reuníamos individualmente. Cara a cara nos veíamos en los pasillos pero poco más. El resto de comunicación era por *email*.

–Está bien. Cada uno tiene su modo de trabajar y no es que sea mejor ni peor, es algo muy personal. Estas reuniones individuales van a tener un carácter un poco más personal y menos técnico. Me explico por si no queda claro. No es que vayamos a hablar de tus vacaciones o de tu familia, no es eso. La intención es que hablemos de ti como persona de esta empresa. ¿Cómo lo ves? (2)

–Es algo que nunca he hecho, la verdad. En toda mi vida profesional nunca he tenido reuniones de este estilo, pero vamos a probar. No perdemos nada, ¿no?

–No te preocupes, Mike; te aseguro que llevo usando este estilo mucho tiempo y es muy beneficioso tanto para ti como para mí. De hecho me gustaría empezar ahora si tienes un ratito –exclamó Carol con una sonrisa.

–Sí, claro. Tengo unos veinte minutos más o menos; no sé si es suficiente.

–Es perfecto para empezar, así que cuéntame un poco sobre ti en la empresa. (3)

–¿Qué quieres que te cuente exactamente?

–Lo que quieras. Sé que es una pregunta muy general, pero es que necesito conocerte primero de forma más global. (4)

–Ummm –Michael, se queda pensativo mirando al techo de la oficina de Caroline–. No sé por dónde empezar. Como bien sabes, soy el responsable del área de calidad de la línea infantil. Llevo trabajando en Sinzime casi ocho años y dentro de este departamento cuatro aproximadamente, así que como puedes ver ya tengo una dilatada experiencia dentro de la empresa y del departamento. Llevo un equipo de 20 personas que trabajan bastante bien en líneas generales y la verdad es que tengo pocas quejas de mi equipo y del trabajo.

–Cuéntame, Mike, ¿cómo era tu relación con Joseph, tu anterior mánager? (5)

–Era una relación estrictamente profesional. No teníamos una comunicación muy estrecha porque viajaba mucho y nuestros contactos eran casi siempre a través de correos.

–¿Cómo describirías a Joseph a nivel laboral?

–Era una persona distante y la verdad es que poco más.

–¿Puedo hacerte una pregunta un poco delicada? (6)

–Sí, claro.

–¿Te has alegrado de que se haya ido de la empresa?

–No se ha ido, le han echado y yo personalmente me alegro. No caía muy bien por aquí, aunque sabía moverse de forma muy estratégica en las altas esferas y por eso me ha extrañado que le hayan echado, pero en fin. Creo que al final la vida pone a cada persona en su sitio.

–Mike, ¿qué cambios te gustaría ver ahora que estoy yo en el puesto de Joseph?

–Carol, para mí esta conversación es un poco violenta. No me gusta hablar mal de ningún compañero. Ni siquiera de los que ya se han ido.

–Te entiendo; sin embargo, no quiero que hables mal de nadie. Simplemente te estoy preguntando por cambios que te gustaría ver en el departamento. No hace falta que te enfoques en lo que no hizo Joseph o en lo que no te gustaba de él.

–La verdad es que me gustaría ver un departamento más democrático y no sometido a un mánager tan dictador. Antes las cosas que decía Joseph había que hacerlas sin rechistar porque apenas había comunicación. A favor de él tengo que decir que era una persona técnicamente impresionante. Yo aprendí mucho de él en temas de calidad porque estaba muy preparado; sin embargo, el estilo que tenía era demasiado dictatorial.

–¿Cómo te influyó su estilo?

–Han sido unos últimos años muy duros. Las ventas han caído a nivel global y los resultados no son los que esperaba la compañía. Esta presión se ha trasladado a todos los departamentos y uno de los que más ha sufrido es el nuestro. Así que nuestro ex-director trasladó la presión a todos los mandos. Yo había algunas temporadas en las que no daba más de mí e incluso llegué a caer enfermo. Además, ahora mismo hay varios compañeros que están de baja por depresión y yo no sé si su despido ha tenido algo que ver con todo esto, pero me alegro de que él ya no esté en la compañía. Al menos, me alegro de que no sea mi responsable.

–¿Cómo estás tú a nivel de estrés ahora?

–Estoy más tranquilo que antes. Saber que no tengo que abrir el correo electrónico y ver barbaridades como las que escribía me relaja. O incluso *Whatsapps* a las tantas de la noche para enviar presupuestos a primera hora de la mañana.

–¿Y cómo ha afectado todo esto a tu vida personal?

–Pues te puedes imaginar... He tenido problemas muy serios con mi mujer. Mis hijos son muy pequeños y de lunes a viernes prácticamente no tengo vida. Espero que al menos la empresa sepa el esfuerzo que estamos haciendo algunos en la organización.

–Mike, las evaluaciones que tiene Recursos Humanos de ti son excelentes.

–Sí, pero al final no lo compensan de ninguna forma, y si hay un recorte fuerte en la empresa nos podemos ir a la calle en cualquier momento. Aquí quien manda son los accionistas, no Recursos Humanos. Al fin y al cabo, todos somos números. Si hay problemas económicos, nos vamos todos a la mierda.

–Te entiendo perfectamente. No podemos controlar todo en nuestro trabajo, pero sí debemos hacer lo posible para estar protegidos, al menos en todo lo que esté en nuestra mano.

–Sí, pero eso no me da tranquilidad ni a mí, ni a mi familia. Estar trabajando como una bestia y después que te digan que te vas a la calle porque los accionistas no tienen todos los dividendos que esperan me parece súper-injusto. (7)

–¿Conoces la teoría del círculo de preocupación y el círculo de influencia?

–No, nunca he oído hablar de esa teoría.

–Espera que te la voy a dibujar en un papel.

Caroline coge una hoja y un bolígrafo de su escritorio y dibuja el siguiente gráfico:

La teoría del círculo de preocupación y el círculo de influencia está inspirada en el libro *Los 7 hábitos de la gente altamente efectiva*, de Stephen Covey. Ediciones Paidós, 1997.

—El círculo interior es el llamado «círculo de influencia». Es decir, la zona donde tú puedes influir. Tú puedes hacer tu trabajo, esforzarte, puedes comunicarte con tus responsables, realizar tus tareas con calidad, etc. Y todo eso pertenece a esta zona de influencia.

»Por otra parte está el círculo exterior. Este área se denomina «zona de preocupación» y engloba todo lo que no controlas, es decir, no puedes controlar que te suban el sueldo, no puedes controlar que no te despidan, un expediente de regulación de empleo en la empresa, no puedes controlar que un compañero te hable rudamente, etc. Sin embargo, puedes influir en su zona de influencia.

»La diferencia entre un círculo y otro es la manera en cómo tú encaras las situaciones de la vida. Las personas que están principalmente en la zona de preocupación suelen tener un estrés muy alto y se pasan el día de mal humor y quejándose por todo. Sin embargo, las personas que trabajan en el área de influencia están centradas en lo que pueden hacer y el resto no les ocupa tiempo ni energía en la mente.

»Lo más curioso de esta filosofía es que, cuanto más te centres en el círculo de influencia, más control tienes de tu vida y más estrecho se vuelve el círculo de preocupación, y al revés. Si te pasas todo el día centrado en el círculo de preocupación no tendrás tiempo para centrarte en aquello sobre lo que realmente tienes poder, que es lo que puedes controlar.

»Cuando me hablas de los accionistas, estás poniendo el foco en tu círculo de preocupación. Tú no puedes hacer nada por tener más control sobre esto, pero sí puedes hacer todo lo posible por tener una imagen impecable dentro de la empresa para que si te van a despedir o a mover de departamento o cualquier cambio que te disguste, las personas que se lo van a plantear al menos se lo piensen dos veces. Esto es un cambio mental de actitud y sirve para mirar la vida con otro prisma y conseguir tomar más control sobre lo que le pasa a cada uno.

Caroline dibuja de nuevo el gráfico anterior con unas diferencias mientras Michael se queda intrigado hasta el final.

Michael se queda pensativo mirando el gráfico con cara de cierta apatía y algo de culpabilidad.

—Entonces, Caroline, ¿con esta teoría me estás diciendo que me estoy centrando demasiado en los accionistas?

—Con esto no te estoy diciendo nada concreto. Me gusta contar teorías que a mí me sirven y que quizás a ti te puedan decir algo. Pero yo no quiero sacar conclusiones para ti; eres tú quien las puede sacar, si es que te valen. (8)

Michael mira a Caroline con cara de «me has pillado, pero no quieres decírmelo directamente».

—Puede que tengas razón, pero lo que pides es un poco utópico. Nadie puede abstraerse totalmente de lo que ocurre a su alrededor. Más bien creo que pensar que no hay nada a tu alrededor y que tú controlas toda tu vida es de una mentalidad infantil.

–A mí esta forma de pensar me ayuda mucho a manejar la tensión del día a día y me centra en lo que realmente puedo hacer yo. Pero claro, esta es una elección personal y yo elijo no agobiarme por lo que no puedo controlar.

»Bueno, Mike, no quiero convencerte de lo que me funciona a mí. Solo lo quería compartir. (9)

–Y te lo agradezco, Carol; pensaré en ello más detenidamente.

Caroline sabe que todo lo que ocurre en este tipo de reuniones con sus colaboradores permanece dando vueltas en sus mentes durante un par de semanas y algo siempre queda interiorizado.

–Me comentabas antes que estabas trabajando como una bestia…

–Sí, es verdad. Llevo más de un año que no paro ni un minuto. Creo que no había hecho un *break* para hablar con nadie tanto tiempo de forma tranquila desde hace meses.

–¿A qué hora sales del trabajo normalmente?

–Sobre las 20:30 h. Es el horario que tengo últimamente, excepto los viernes, que salgo un poco antes porque si no mi mujer me tira por la ventana.

–El horario que tiene la compañía es hasta las 18:30 h, si no recuerdo mal

Mike esboza una sonrisa ladeada irónica.

–Sí, ¡vamos! La empresa puede decir lo que quiera, pero prácticamente nadie con responsabilidad sale antes de las 19:30 h. Y para mí es imposible sacar el trabajo adelante con ese horario.

–¿Qué te parece si hoy sales un poco antes?

–No puedo, Carol, de verdad. Te agradezco enormemente que mires por mí, pero si yo no me pongo este horario no hay forma de que saque mi trabajo adelante, y al final lo pagarás tú.

–Lo sé. Por eso te lo estoy sugiriendo.

–No puedo. De verdad no puedo salir a las 18:30 h.

–OK, entonces… ¿Qué te parece si en los próximos 15 días sales del trabajo a las 20:25 h como máximo? Pero cuando digo a las 20:25 h es a esa hora. Ni un minuto más. (10)

Mike se ríe ligeramente y se echa para atrás en la silla.

–¿Y eso para qué, Carol?

–Para que no salgas tan tarde. Carol le sigue con una sonrisa. Ella sabe perfectamente que no tiene ningún sentido lo que está diciendo o… ¿quizás tiene más sentido de lo que piensa Mike?

–Jajajaja –Mike se ríe de la situación tan absurda–. Me parece bien. Si a ti te hace ilusión.

–Pues sí, me hace ilusión. Sin embargo, te tienes que comprometer al 100% de que bajo ninguna circunstancia te vas a quedar más tarde, y que si lo haces me tienes que pedir permiso explícito. ¿Qué te parece?

–Totalmente comprometido. Saldré a esa hora como máximo. Ni un minuto más.

–Me quedo con tu compromiso. Entonces, si te parece, nos vemos dentro de 15 días y me cuentas cómo te ha ido. Más o menos el 6 de junio, ¿Qué te parece? ¿A la misma hora, a las 15:00 h? (11)

–Sí, claro. Me lo apunto en la agenda.

–De todas formas, si nos surge algo a alguno de los dos movemos la reunión.

–Perfecto, Carol. Un placer haber charlado contigo.

–Igualmente, Mike. Me ha encantado conocerte un poco más personalmente. ¡Que tengas un buen día!

–Gracias. Hasta luego, Carol.

Van pasando los días hasta que llega el 6 de junio y Michael entra por la puerta del despacho de Caroline con la lengua prácticamente fuera.

–Perdona, Carol. No he podido llegar a tiempo. Me ha entretenido un cliente al teléfono con una conversación importante y no he querido cortarle.

–Está bien Mike, no te preocupes. ¿Todo bien?

–Sí, claro. Todo bajo control.

–¿Qué te parece si vamos a dar un paseo al parque que tenemos aquí al lado en lugar de hacer la reunión en mi despacho? Hace un día estupendo como para desaprovecharlo y la verdad es que a mí también me hace falta que me dé un poco la luz natural, que llevo días viéndola solo por la ventana.

–Ummm, bueno, está bien.

Carol y Mike salen por la puerta principal de la empresa en dirección a un parque tranquilo que está a poco más de cinco minutos andando de la empresa. Mientras van caminado, Carol comienza a hablar con Mike sobre su trabajo.

–Entonces, ¿cómo te han ido estos días saliendo a las 20:25 h?

Mike empieza a sonreír mirando al suelo y pensando en lo que va a contestar...

–Pues, como bien sabes, mi compromiso fue acabar de trabajar como máximo a las 20:25 h y lo he conseguido totalmente.

–¿Fue sencillo?

–La verdad es que no lo fue. Yo creía que no me iba a costar, pero un día se me complicó un tema bastante más de lo que creía y necesitaba quedarme media hora más, pero como me había comprometido a salir a esa hora cumplí con todo el dolor de mi corazón –dice Mike esbozando una leve sonrisa.

–Sabes que podías haberme pedido permiso para quedarte ¿verdad?

–Sí, claro, lo sé, pero me parecía estúpido tener que pedirte permiso para estar media hora más en el trabajo. Además, tú a esas horas no sueles estar en la oficina.

–No, la verdad es que es muy raro que yo esté en la oficina más tarde de mi hora. Mi trabajo es importantísimo en mi vida y mi faceta de pareja lo es tanto o más, así que nunca dejo que una pise a la otra.

–Ojalá yo tuviera tan claro todo eso como tú. Seguro que no tendría tantos problemas personales.

–¿A qué te refieres, Mike?

–Bueno, creo que ya te lo conté en nuestra primera reunión. Trabajar tanto me está llevando a que no vea mucho a mis hijos y eso me trae problemas con mi mujer. (12)

–¿Qué opina ella de todo esto?

–Me dice que soy un estúpido. Que si soy yo el que va a sacar toda la productividad de la empresa y que si el trabajo para mí está por encima de mi familia. La verdad es que tiene razón. Nunca había trabajado tanto y nunca había tenido tantas tareas acumuladas en mi escritorio, y la verdad es que no lo entiendo. Estoy desbordado.

–¿Cómo te está afectando esto personalmente?

–Estoy con mucha presión todo el día. De hecho, ahora estoy agobiado por estar perdiendo el tiempo. Perdona; no quería decirte esto, pero es así como lo siento.

–Supongo que te puedes sentir así, Mike. ¿Qué pasa si no acabas hoy todo lo que te habías propuesto?

–No puedo Carol; tengo que terminar al menos un par de temas que son urgentísimos o me voy a meter en un problema.

Michael se muestra agobiado y tiene cara de estar perdiendo totalmente el control de la situación, lo que empieza a preocupar de verdad a Carol.

–Vamos a sentarnos un momento en este banco. Mírame a los ojos, Mike. Necesito que estés entero. Me refiero a que necesito que estés con todas tus capacidades al 100%, y para eso tu nivel de estrés debe estar controlado. Cuando el nivel de estrés es muy alto, la productividad baja rápidamente y al final es la pescadilla que se muerde la cola; es decir, que te aumenta la ansiedad al sacar menos trabajo, con lo que tienes que trabajar más horas y eso aumenta el estrés y se convierte en una espiral sin fin.

–¡Ahh, si eso fuese tan fácil de solucionar!

–No sé si es fácil o difícil. Así que vamos a empezar por un pequeño ejercicio. Cierra los ojos, Mike.

–¿Aquí?

–Sí, tranquilo. Cierra los ojos que no te voy a hacer nada raro –dice Carol con una sonrisa para tratar de tranquilizar a Mike.

Carol se da cuenta de que Michael está tenso, con cierta tiritona en las manos y las piernas cruzadas.

–Ahora quiero que tomes una respiración profunda por la nariz. Quizás te pueda ayudar descruzar las piernas para estar más tranquilo.

Carol se toma bastante tiempo entre una frase y la siguiente para dar espacio a que Mike vaya haciendo los ejercicios lentamente.

–Ahora inspira por la nariz y, mientras lo haces, siente cómo el aire que entra por tu nariz es fresco, muy fresco… Toma otra respiración profunda y ahora al respirar siente cómo el aire entra directamente a tu cerebro de forma que se expande y crea una sensación de frescura dentro de tu cráneo…

La cara de Michael comienza a cambiar y a relajarse. Además, parece que sus hombros van bajando y se van relajando.

–Toma otra respiración y deja que el aire refresque tu cerebro y lo calme. Eso es… Así, sin ninguna prisa… Tomando varias respiraciones profundas hasta que tu mente se relaje por completo…

Caroline deja a Michael durante un par de minutos en esa posición respirando profundamente con esa técnica, hasta que toma de nuevo el control.

–Ahora Mike, vuelve a inspirar y pon toda tu atención en el aire que entra por tu nariz y siente cómo entra en tus pulmones y baja hasta la altura de tu ombligo como creando un lago de agua cálida. Un lago que está totalmente en calma, completamente tranquilo, y siente cómo tú también entras en ese estado de calma y relajación…

A Michael ahora se le cae un poco la cabeza y Carol nota cómo ha entrado en un estado más profundo.

–Toma una respiración de nuevo y siente cómo se llena todavía más ese lago que está en calma… en total y plena calma… Sigue respirando y llenándolo durante unos instantes más.

Carol deja de nuevo a Mike un par de minutos y le devuelve a la conversación que tenían anteriormente.

–Ahora, Mike, toma una última respiración profunda y ve volviendo al banco en el que estás sentado y así puedes abrir los ojos lentamente, al ritmo que esté bien contigo, eso es… (13)

–Puff –dice Michael, con cara de sueño–, casi me quedo dormido. Muchas gracias, Carol; la verdad es que estas respiraciones me han venido estupendamente. Me siento como si hubiese estado durmiendo un buen rato.

–Está bien, Mike. Este ejercicio es muy sencillo para que lo puedas hacer en tu puesto de trabajo. Solo tienes que cerrar los ojos un par de minutos, y a medida que vayas practicando más y más podrás darte cuenta de que lo puedes hacer incluso con los ojos abiertos. Es una técnica muy sencilla y muy potente para disminuir momentos de estrés. Y ahora que te veo más entero para seguir con tu trabajo, solo una cosa más que quiero compartir contigo.

–Sí, dime.

–En la anterior reunión que tuvimos te comprometiste a salir como máximo a las 20:25 h.

–Sí. Y de eso quería hablar contigo. No sé cuál es la intención de haber salido cinco minutos antes de mi hora «normal». No le he encontrado ningún sentido.

–¿Te ha resultado fácil realizarlo?

–Ya te dije que no siempre me fue sencillo, pero vamos, que normalmente me da igual 5 minutos arriba o abajo. Hoy supongo que quieres que haga otro esfuerzo, ¿verdad?

–¡Exacto!

–¿Quieres otros cinco minutos?

–No, Mike. Quiero que te comprometas al 100% con lo que tú quieras, porque ya te he dicho que te necesito entero al 100%. Si te quemas hoy, dentro de seis meses tu productividad irá en picado y eres una persona demasiado valiosa en el departamento como para poner en riesgo tu eficacia.

–Muchas gracias, Carol. Te agradezco enormemente tus palabras, pero ya te he dicho que si no saco yo el trabajo, ¿quién lo va a sacar por mí?

–¿Y qué sugieres tú?

–No lo sé.

–¿Si tú fueses yo qué harías?

–Yo no soy tú. No lo sé.

–Imagina que estás en mi puesto. Solo imagínalo y dime qué harías. No me va a molestar nada de lo que digas.

–Sinceramente no lo he pensado, pero me gustaría hablar de la carga de trabajo que tenemos todos en el departamento y ver cómo equilibrarlo, y si no podemos balancearlo de otra forma porque todos estamos saturados, ver otras opciones, no sé.

–¿Qué te parece si lo hablamos en la siguiente reunión de equipo tal y como me lo propones?

–Me parece bien. Pero me gustaría que partiera de ti. No quiero que nadie del equipo se moleste conmigo.

–Cuenta conmigo. Yo abro el tema y me gustaría que tú me apoyases en todo esto.

–No hay problema.

–¿Y entonces, respecto a tu compromiso de salir antes de tu hora real habitual?

–Pues no sé. La verdad es que estoy un poco cansado de todo esto y quiero ponerle fin. En los próximos días hasta nuestra próxima reunión me quiero comprometer a salir a mi hora, a las 18:30 h.

–¿Qué esfuerzo vas a tener que hacer para conseguirlo?

–Pues voy a tener que poner todo mi empeño porque va a ser complicado.

–¿Qué te parece si no pones todo tu empeño y solo pones un 10% de empeño con algo más sencillo?

–¿A qué te refieres? ¿A no ir tan rápido con este cambio?

–¡Exacto! No hay prisa, Mike. Sin prisa y sin pausa. Esa es la manera que tengo de trabajar.

–Bueno, lo que puedo hacer es salir a las 20:00 h como mucho. Son 25 minutos antes de la hora de mi último compromiso. Y estoy seguro al 100% de que lo puedo hacer.

–¿Qué vas a tener que cambiar para poder hacerlo?

–Lo primero, llegar a mi hora al trabajo. Últimamente estoy tan cansado que llego más de media hora tarde y me tomo muchos descansos porque estoy agotado.

–A eso me refería, Mike. Al final, si te destrozas físicamente no rindes mentalmente.

–Ok. Entonces me comprometo a no salir más tarde de las 20:00 h en los próximos días hasta nuestra reunión individual, que será....

–En 15 días aproximadamente. Si hoy es 6 de junio, pues el 21 de junio puede estar bien.

–Ok. Lo único que quiero es tener un as en la manga, por si algún día me tengo que quedar más tarde. Me guardo una posibilidad de poder salir más tarde solo un día. (14)

–Me parece bien, Mike. Entonces quedamos en este compromiso de tu hora de salida y de hablar en la reunión de equipo de la carga de trabajo de cada uno.

–Sí. Eso va a ser lo que tengo que hacer.

–Buen trabajo. Creo que vamos a hacer un gran equipo en poco tiempo. Nos vemos el 21 de junio a las 15:00 h otra vez en mi despacho.

–Sí, por supuesto. Gracias por todo tu apoyo y tu tiempo, Carol.

–Es parte de mi trabajo. Aunque te agradezco tu agradecimiento, jajajajajá.

Caroline y Mike acabaron su reunión informal en el parque y se dirigieron a sus despachos caminando y hablando de otros temas más livianos...

PRINCIPALES ASPECTOS DE GESTIÓN DEL ESTRÉS

El estrés es la segunda causa de bajas laborales en la Unión Europea, de forma directa o indirecta. Uno de cada tres trabajadores en Europa se siente estresado, y estas cifras no hacen más que subir. Si piensas que el estrés no está siendo un coste económico y personal para tu departamento, para tu empresa o para ti mismo, posiblemente puedas estar en un grave error ya que la pérdida de productividad no es siempre tan visible como parece.

El precio que se paga por tener un estrés alto, no solo se cobra en el trabajo, sino en la vida familiar y en las áreas de ocio. La gestión del estrés se resuelve tomando control directo sobre tu vida: poniendo atención en tus pensamientos, en tus emociones, en tu planificación, en tu entorno y en la forma en la que gestionas los problemas diarios.

¿Y cuál es el beneficio final? El gran beneficio del control del estrés es tener una vida equilibrada con tiempo para trabajar y llegar a los objetivos que te marques tú y la empresa, equilibrio en las relaciones, relax en el día a día y tiempo de ocio de calidad.

Pensar que el tema de la gestión del estrés es para gente muy nerviosa es una falacia, ya que muchas personas muy tranquilas exteriormente están soportando un nivel de estrés excesivo que normalmente acaba con sensación de cansancio exagerado al final del día, baja productividad, pérdida de creatividad, baja calidad en la toma de decisiones y a largo plazo depresiones, incluso somatizaciones físicas en forma de problemas como dolores de cabeza, aumento de la presión arterial, o en algunos casos liberando ese estrés en forma de enfermedades mucho más graves.

La gestión del estrés comienza con identificar las fuentes del estrés en tu vida. Esto no es tan fácil como suena. Las fuentes de estrés no son siempre tan evidentes como parece y muchas te pueden estar afectando sin que seas consciente de ello.

Fíjate en los siguientes ejemplos de factores que pueden estar afectando a tu nivel de estrés, no solo a ti, sino a tu equipo: sobrecarga o infracarga de trabajo, repetitividad, ritmo de trabajo muy variable con picos y valles, ambigüedad del rol, relaciones personales conflictivas dentro de la empresa, inseguridad en el puesto, falta de promoción laboral, control excesivo por parte de tu jefe o tú como jefe, muchos cambios en la organización, híper-responsabilidad, perfeccionismo extremo etc.

Las técnicas más efectivas para gestionar bien del estrés son las que se focalizan en la respiración y en la atención plena, como el *mindfulness*.

Aquí, te voy a presentar dos técnicas de gestión del estrés que te pueden resultar muy útiles para trabajar contigo mismo o con tu equipo:

TÉCNICA DE RESPIRACIÓN 2-8-4

Toma una respiración profunda durante dos segundos, notando como se llenan tus pulmones y se hincha tu abdomen. Si lo necesitas, desabróchate el cinturón para no sentir ningún tipo de presión al hacer esta respiración.

Ahora mantén el aire inspirado durante ocho segundos. Es posible que te cueste un poco al principio mantener el aire, pero poco a poco irás ganando resistencia. En este paso es cuando estás oxigenando todas las células de tu cuerpo y tu cerebro; por eso debe durar ocho segundos.

Una vez hayas terminado la fase anterior, debes espirar en cuatro segundos tratando de expulsar todo el aire de tus pulmones.

Repite esta secuencia diez veces y notarás en menos de dos minutos una disminución drástica del estrés.

Ten en cuenta que puedes realizarlo tanto en movimiento, cuando vas o vuelves del trabajo, como sentado en tu puesto habitual.

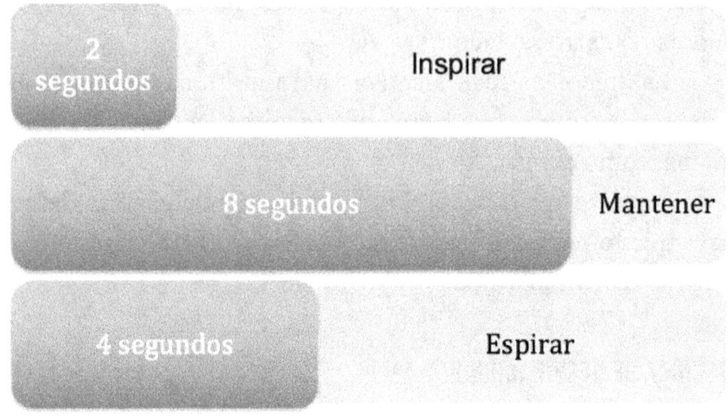

ESCÁNER CORPORAL

Siéntate con la espalda recta y sin cruzar las piernas ni los brazos.

Es posible que te relajes mejor con los ojos cerrados y así te puedas concentrar más.

Pon toda tu atención en diferentes áreas de tu cuerpo de forma selectiva. Por ejemplo, pon el foco de atención en las sensaciones que tienes en tu cuello sin tratar de controlarlas; simplemente siente las diferentes tensiones que puede haber en tu cuello, la temperatura a la que dirías que está y nota posibles cosquilleos o tics que puedan producirse. Realiza esta concentración durante un minuto y después pasa a otra parte de tu cuerpo hasta que hayas pasado por la totalidad del mismo. Puedes hacer la siguiente secuencia que te puede facilitar la técnica: pies, piernas, abdomen, pecho, brazos, cuello, nuca, cabeza y cara.

No intentes relajar cada parte de tu cuerpo; solo observa sus sensaciones, dolores, molestias, cosquillas o la ausencia de sensación.

Recuerda que el estrés está directamente relacionado con el rendimiento. Sin embargo, hay personas que pueden trabajar muy bien con cierto estrés; a ese tipo de estrés se le llama *eustrés*, está dentro de unos límites y tiene como objeto mantener la actividad en las personas. Ahora bien, el estrés negativo o distrés disminuye el rendimiento, aunque no nos demos cuenta.

Como norma general, a más estrés continuado menos claridad mental y mayor dispersión en las tareas habituales.

COMENTARIOS DEL LÍDER-COACH EXPERTO

El estrés es uno de los grandes males de las organizaciones que tienen un ritmo de trabajo acelerado y de alta presión.

Desde hace años se viene trabajando en las empresas este aspecto como uno de los más importantes a la hora de tener empleados comprometidos, responsables, y como consecuencia de todo esto, con una alta productividad.

El rendimiento y el alto estrés a medio y largo plazo son totalmente incompatibles, por eso en este caso vemos cómo Caroline se vuelca en tratar de solucionar este problema con uno de sus colaboradores.

Vamos a analizar desde el punto de vista de un *líder-coach* qué elementos ha estado utilizando Caroline en estas sesiones con Michael.

(1)   Caroline ha aprendido que para tener una reunión de desarrollo con Michael tiene que crear un espacio de confianza, y el primer aspecto básico para hacerlo es la forma en la que se van a sentar para hablar. Un error muy típico en este tipo de reuniones es que el responsable, en este caso Carol, se siente enfrente del colabo-

rador y en medio de estos dos exista una barrera física, el escritorio. En reuniones de desarrollo de personas debemos crear un ambiente distendido donde la cercanía física sea un elemento clave. Por lo tanto, eliminar el escritorio y cambiar a una mesa más neutral o incluso a una sala de reuniones con una pequeña mesa redonda donde no dé la sensación de estar en una reunión formal puede ayudar a crear el ambiente que estamos buscando.

(2) Cuando se va a empezar un proceso de desarrollo con un colaborador, o con varios, se puede optar por hablar claramente de la intención de las reuniones, explicando lo que se espera de ellas y cuál es el propósito final. Otra forma de hacerlo es de manera más informal, es decir, sin explicar la intención de las reuniones de desarrollo. Sin embargo, para esto habrá que introducir este tipo de acciones dentro de los equipos de forma más sutil, como por ejemplo en un desayuno o una comida de trabajo donde el foco sea la persona, no la tarea.

(3) Las reuniones de desarrollo no deben durar mucho, ya que si es así tanto el colaborador como el mánager pueden poner dificultades para tenerlas. Una reunión de 30 o incluso de 20 minutos es suficiente para tener un seguimiento, siempre y cuando la frecuencia de estas reuniones no sea de menos de una vez al mes, aunque es recomendable hacerlas cada 15 días a ser posible. Ahora bien, puede que surja la duda de cómo organizarlas si tengo un equipo de 50 personas. Si tengo que hacer una reunión cada 15 días de 30 minutos con cada uno de ellos, eso significa: 50 personas x 30 minutos x 2 veces al mes = 3000 minutos, 50 horas.

¡50 horas de trabajo son más de seis días completos al mes!

Esto puede que sea demasiado para empezar, por lo que nuestra recomendación es ir trabajando con las personas clave del departamento y con las que necesiten más apoyo, hasta que llegues a un punto de equilibrio bueno para ti. Otra forma es que si tienes en tu equipo a 50 personas, posiblemente haya sub-equipos y puedas trabajar únicamente con los líderes de cada uno de ellos, además de con otras personas clave.

(4) Una buena forma de comenzar este tipo de procesos es con un tipo de pregunta muy abierta, aunque en las siguientes sesiones habrá que ir creando objetivos concretos para ver la evolución, reunión a reunión.

(5) Caroline se arriesga con una pregunta dirigida a un tema que cree que puede tener mucho contenido para este tipo de reuniones. Es bueno arriesgarse de vez en cuando, aunque con cuidado, ya que el colaborador puede sentir que dirigimos demasiado las conversaciones, y el propósito es todo lo contrario, es decir, que las dirija el colaborador y que este hable de sus inquietudes y preocupaciones.

(6) Caroline quiere volver a entrar en una zona delicada; sin embargo esta vez no toma tantos riesgos y pide permiso para que una vez aceptado el colaborador se abra su mánager y no quede en una reunión de desarrollo superficial. Únicamente deberemos hacer esto con preguntas incómodas.

(7) Aquí Caroline se da cuenta de que Michael está muy quemado y se centra en lo que no puede con-

trolar. Los jefes de equipo tienen que darse cuenta de este tipo de comentarios porque muchas veces no son tan evidentes y son un foco de mal ambiente y negatividad para el departamento. Así, en este caso Carol tira de todos sus recursos para cambiar el enfoque de la conversación que se le empezaba a torcer. Una vez que una persona empieza a dirigir equipos debe prepararse en habilidades (*soft skills*) y poco a poco el nivel técnico deja de tener tanta importancia. Así puede sacar el máximo potencial y rendimiento de su equipo.

(8) Es importante que las conclusiones de teorías, artículos, vídeos etc. las extraiga el colaborador. Un aspecto clave que hay que tener en mente es que cualquier aprendizaje que se da uno mismo tiene diez veces más impacto que uno que viene del exterior, y esto se puede comprobar claramente al ver toda la cantidad de información que recibimos cada día sobre qué y cómo hay que hacer el trabajo y los pocos cambios que introducimos en nuestros hábitos. Da espacio a las personas de tu equipo para que saquen conclusiones por ellas mismas.

(9) Otro aspecto vital en las reuniones y en la comunicación del *líder-coach* es la humildad. Humildad no significa falta de autoestima. Humildad, dentro de este contexto, significa que el jefe de equipo no tiene que dar la sensación de estar por encima del colaborador en conocimientos. Aunque lo pueda estar, el tono de cómo se transmite debe ser de máximo respeto y asumiendo que lo que le ha funcionado al mánager puede que no le funcione al colaborador. Esto ayuda a compartir conocimientos con la intención de que el empleado extraiga de ahí lo que más le pue-

da servir y nunca como una imposición de cambio, ya que volveríamos al estilo de liderazgo más tradicional, y aquí estamos tocando una forma de liderar que crea espacios, donde la gente aumenta su responsabilidad y se transforma por sí misma, no por el uso de la autoridad o de un estilo autocrático camuflado.

Tenemos que recordar que estas reuniones son de desarrollo profesional y no son las típicas de trabajo operativo.

(10) Las reuniones de desarrollo deben estar enfocadas siempre al cambio. Esto significa que al final de cada una de ellas debe haber un momento dedicado a la acción. Caroline sabe que tiene que centrar sus últimos comentarios en cocrear una acción con el colaborador. Cocrear significa que la acción debe estar creada y pactada entre los dos, el colaborador y su responsable.

Es importante volver a recordar que las personas por lo general cambiamos lentamente, sobre todo hábitos que tenemos arraigados desde hace mucho tiempo, por lo que es necesario pensar en pequeñas acciones, pero con cambios inmediatos, como es el que Caroline le propone a Michael.

El colaborador en este caso está con mucha resistencia al cambio y Carol opta por utilizar la técnica Kaizen, es decir, pequeños cambios constantes que requieran muy poco esfuerzo o prácticamente ninguno con el fin de poner en marcha la maquinaria del cambio.

(11) Como siempre, al finalizar una reunión de desarrollo se debe fijar la siguiente reunión. Es un error muy común no fijarla y que se pierda el seguimiento del proceso.

(12) Michael vuelve a traer a la sesión un tema que ya sacó en la reunión anterior. Esto es una gran pista para su responsable a apuntar en su mente y más tarde en su hoja de registro de las reuniones de desarrollo: los aspectos clave para cada una de las personas que conforman su equipo. Esta hoja de registro es vital para poder tener una buena organización de todos los puntos importantes que el colaborador ha compartido. Si el responsable tiene dos o tres personas a su cargo es posible que se pueda acordar de muchos detalles que surjan en las reuniones. Sin embargo, si tiene más de tres, al cabo de seis meses se irá olvidando de pequeños aspectos que pueden ser importantes.

(13) Caroline utiliza muchos recursos que tiene de toda la formación que ha ido acumulando a lo largo de todos estos años de experiencia. Sin embargo, es importante no solo que sepa improvisar, sino que debe prepararse las reuniones previamente. ¿Cuánto tiempo es necesario para esta preparación? Cuando un líder de equipo integre este tipo de reuniones individuales en su trabajo tendrá que prepararlas ligeramente y unos diez minutos serán más que suficientes, aunque al principio seguro que le requiere más tiempo. Normalmente un mánager experimentado acaba creando un maletín de herramientas útiles para sus reuniones de desarrollo.

(14) En este caso Michael ha puesto los pies en la tierra. Es decir, hay que hacer planes de acción realistas. Eso quiere decir anticiparse a los imprevistos, aunque parezca una paradoja. El plan de acción hasta la siguiente reunión debe contener elementos realistas, por lo que el jefe de equipo debe adelantarse, es decir, ir un paso por delante en el diseño de acciones con el colabora-

dor. A medida que pase el tiempo y los colaboradores integren este método de trabajo, ellos mismos crearán planes de acción más realistas.

BREVES RECOMENDACIONES FINALES SOBRE LA GESTIÓN DEL ESTRÉS

1. **Analiza a tu equipo.** Estate pendiente siempre del estado de estrés al que está sometido cada uno de tus colaboradores.

2. **Relativiza lo que te ocurre.** El estrés no solo depende de la carga de trabajo, sino de cómo cada uno gestiona esta carga y su manera de ser. Dándote cuenta de esto sabrás que el estrés realmente es relativo.

3. **Pregúntate cuánto tiempo llevas así.** Un estrés elevado, a largo plazo con toda seguridad pasará factura. No ocurre nada si tienes un día o una semana con una alta carga de trabajo o con tareas de mucha presión; sin embargo, pregúntate: ¿Cuánto tiempo llevas con este nivel de estrés?

4. **Detecta las señales de aviso.** Uno de los síntomas del estrés puede ser la falta de paciencia en el trabajo, dificultad para dormir o incluso el estar extremadamente cansado a lo largo del día.

5. **Lee tu cuerpo.** El estrés suele reflejarse en la parte sensitiva del cuerpo de cada persona (cuello cargado, úlcera de estómago, malas digestiones, columna vertebral tensa, tics nerviosos, falta de sueño...)

8. GESTIÓN DE CONFLICTOS ENTRE DOS DEPARTAMENTOS

EL CASO

Mezza Moda es una cadena de tiendas de ropa para hombres y mujeres de todas las edades. Posee 72 tiendas en tres países y 1.260 empleados. Juan Carlos, de 46 años, es el director general de Mezza Moda y con la ayuda de consultoras ha estado diseñando una nueva estrategia para la compañía. La firma, que siempre ha disfrutado de una alta fidelidad por parte de los clientes, compite con las marcas más prestigiosas en cuanto a rapidez en distribuir las novedades a los puntos de venta a precios extremadamente reducidos. Esta fórmula les ha funcionado muy bien hasta ahora pero recientemente han apreciado que las generaciones más jóvenes de adolescentes a veinteañeros son menos fieles que los más mayores.

La nueva estrategia ideada por Juan Carlos para la empresa se centra, no solo en ofrecer la última moda a precios módicos, sino también en convertirla en una compañía con marcados valores éticos, lo que según los estudios tiene mucha importancia para el público de entre 12 y 40 años. Juan Carlos considera que en última instancia la combinación de buena moda, precios bajos y valores éticos mejorará la fidelidad del cliente. Y al compartir valores con los clientes se incrementará la vinculación de estos con la marca.

Al entender que para lograr su objetivo iba a necesitar la implicación de todos sus empleados, Juan Carlos instó a su hasta ahora jefe de Recursos Humanos, Ramón, de 58 años, a que se jubilara de manera anticipada para poder implementar la nueva estrategia, al tiempo que contrató a Pablo, de 38 años, joven pero capacitado, para inculcar su nueva visión en la empresa. Recursos Humanos adquirió nuevas competencias en cuanto a procesos y sistemas y se pasó a llamar «Recursos Humanos, Sistemas y Procesos». Juan Carlos entiende que la imagen que pretende transmitir al público solo se puede lograr a través de transformar la empresa en función de estos valores éticos, no a hacerlo simplemente en apariencia, y así proteger la reputación de la compañía.

Ser una empresa enfocada en valores éticos pone más presión sobre los beneficios y Juan Carlos considera que una mayor eficiencia en los procesos y procedimientos entre los diferentes departamentos es una manera de contrarrestar este ajuste. Nada más empezar, Pablo realiza con su equipo una auditoría interna para evaluar al personal y encontrar la manera de mejorar el encaje y la comunicación de los diferentes departamentos para lograr los objetivos propuestos. Durante esta auditoría, Pablo se encuentra con cierta oposición por parte de la directora de Servicios Informáticos. Estefanía, de 57 años, lleva en la empresa bastante tiempo y ha ido ascendiendo hasta ser directora al igual que Ramón, el anterior director de Recursos Humanos. Es fiable, extremadamente trabajadora y ofrece buenos resultados. Sin embargo, su departamento es una incógnita dentro de la empresa. Funciona de manera independiente y tiene poco que ver con el resto de los departamentos, lo cual resulta exasperante para Pablo al dificultar su tarea de mejorar la eficiencia en la empresa. Pablo comunica su frustración a Juan Carlos, quien celebra una reunión con los dos.

**Jueves, 7 de marzo de 2019, 15:30 h
Juan Carlos, Estefanía y Pablo se reúnen en el despacho
de Juan Carlos**

Juan Carlos se encuentra sentado en su despacho charlando con Pablo cuando su asistente abre la puerta tras llamar acompañada por Estefanía, quien entra en la sala. Juan Carlos se pone de pie y conduce a Pablo y a Estefanía a la mesa de reuniones que se encuentra en el otro extremo del despacho. (1)

–¿Puedes esperar un segundo, Marta? –dice dirigiéndose a su asistente–. Sentaos, sentaos. ¿Alguno quiere algo de beber? ¿Algo para comer quizás?

–Agua, si no te importa –contesta Pablo, dando gracias con la cabeza en dirección a Marta.

–Para mí café, por favor, y agua también, y si tienes pastas de esas que les ofrecemos a los clientes sería estupendo. Todavía no he tenido tiempo para comer –comenta Estefanía.

–Muy bien, gracias, Marta. Agua para mí es suficiente –pide Juan Carlos.

Se sienta a la cabeza de la mesa con Pablo a la derecha y Estefanía a la izquierda.

–¿Cómo es que no hayas comido todavía, Estefi? –dice, tratando de hacer tiempo hasta que llegue Marta con las bebidas.

–Bueno, un montón de papeleo, Juan Carlos; ya sabes cómo es esto.

El tono de voz le aconseja a Juan Carlos no ahondar en el tema. De hecho, ya se siente un poco nervioso sobre cómo abordar la cuestión principal con Estefanía. Asiente con la cabeza y dice:

–Sí, lo sé, Estefi. –Continúan charlando hasta que Marta regresa con el agua, el café y las pastas para Estefanía.

–Entonces, ¿cuál es el propósito de la reunión? –pregunta Estefanía, directa al grano–. No me habéis informado –apuntala Estefanía, a quien no le gusta andarse por las ramas.

–Tanto a Pablo como a mí nos gustaría saber por qué parece que estás poniendo barreras para la auditoría interna. Parece que Pablo no está consiguiendo ninguna información sobre tu departamento.

–Disculpa, Juan Carlos, ¿Qué información no le he dado a Pablo?

–¿Qué? ¿Perdona? –contesta Juan Carlos.

–La información… ¿Qué información no le he dado a Pablo?

–Bueno, no lo sé, quiero decir…

Estefanía le interrumpe de manera abrupta redirigiendo su pregunta directamente a Pablo, quien hasta este momento no había tenido nada que decir.

–¿Qué información no te he proporcionado, Pablo?

–Creo que ese es el problema, Estefi; no tenemos esa información.

–¿Así que, vas a papá a que te solucione el problema?

–Espera un segundo, Estefi –interviene Juan Carlos.

–No, un momento, Juan Carlos; vengo aquí para tener una reunión contigo y con Pablo y me acorraláis entre los dos lanzándome acusaciones.

–Vale, entiendo que se pueda ver de esa manera. Realmente esa no fue mi intención y te pido disculpas. Pablo aquí presente ha estado repasando los resultados de la auditoría interna y la información obtenida del resto de departamentos es muy superior en cantidad y calidad a la facilitada por el tuyo. La única conclusión que puedo sacar es que no has sido tan solícita proveyendo información, o que tu departamento no ha sido tan cuidadoso facilitando los datos como debería.

–¿En serio?, ¿esa es tu conclusión? ¿Que no hemos sido de mucha ayuda dando información? –asevera Estefanía en un tono dolido y resignado mientras se percata de que Pablo trata de decir algo antes de que Juan Carlos intervenga.

–Vamos, Estefi. ¿Qué esperas que piense?

–Espero que por lo menos preguntes–contraataca Estefi, haciendo énfasis en el «espero».

–Bueno, estamos preguntando –interviene Pablo en un tono más conciliador.

–No me lo parece, Pablo. Sé que tienes que hacer tu trabajo pero yo también tengo que hacer el mío, y desde mi punto de vista parece que se me acusa y se me juzga desde el primer momento, y ahora estoy esperando a ser ejecutada.

–¡No dramaticemos! –exclama Juan Carlos. (2)

–Quizás no te lo parezca a ti, pero ponte en mi situación y todo este episodio te iba a parecer totalmente diferente. He trabajado aquí durante 28 años, Juan Carlos… –replica Estefanía.

–Oh, no, no juegues esa baza –resopla Pablo, empezando a enfurecerse.

–¿De qué baza estás hablando? –inquiere Estefanía.

–No consigues puntos extra por llevar aquí más tiempo. Los dos somos directores y mi opinión vale tanto como la tuya.

–No estoy insinuando de ningún modo que tu opinión no deba valer lo mismo que la mía. Lo que estoy diciendo es que después de 28 años trabajando aquí y más de 15 años trabajando con Juan Carlos se me podrían consultar las cosas.

–Mira, ya sé que es complicado aceptar cambios, pero tenemos que hacer un esfuerzo.

–Te equivocas, Juan Carlos, te equivocas. Los cambios no son difíciles. Lo que cuesta digerir es tener 57 años, ser la más veterana de la empresa y ver cómo jóvenes como vosotros hacen planes de futuro sin contar para nada conmigo a la hora de cambiar las cosas, sino que se me manda un simple correo con preguntas sobre cómo mejorar la eficiencia entre departamentos y contribuir más al rendimiento de la compañía. Y después, cuando hago lo que se me pide, no es suficiente y eso significa que estoy poniendo obstáculos al cambio... seguramente porque soy una carcamal.

–No se trata de eso, Estefanía, y lo siento si eso es lo que te ha parecido –suspira Juan Carlos, comprobando resignado como la reunión no toma el cariz deseado.

–Pues sí, eso es lo que parece. Todo lo que quiero es saber de qué va todo esto.

Pablo aprovecha la oportunidad para intervenir.

–Lo único que yo y mi departamento queremos hacer es nuestro trabajo.

–Perdonadme si esto suena improcedente, pero este tipo de interferencias entre departamentos no va a aumentar nuestro rendimiento. Parece un ejercicio completamente intrascendente con todas estas preguntas sobre cómo mejorar nosotros, nuestros resultados, cuál es la cultura del departamento y cómo mejorarlo o lo que pensamos que la compañía debería estar haciendo.

–Mira, entiendo que esto puede parecer muy diferente a lo que estamos acostumbrados...

–Precisamente ya he visto todo esto antes y cómo todo se va al garete... una y otra vez.

–Esto no se va a ir al garete.

–Ya veremos, porque lo que estás tratando de hacer no es diferente de lo que ya se ha intentado con anterioridad.

–No parece que te hayas tomado la molestia de ver lo que tratamos de hacer, Estefanía.

–Y no creo que tú te hayas tomado la molestia de adaptarte al entorno en vez de llegar de buenas a primeras y esperar que todo el mundo se adapte a ti.

–Venga, vamos. No hace falta caldear el ambiente. Mi enfoque no ha sido el adecuado; veo que me he equivocado en cómo he enfocado el asunto. Y por ello te pido disculpas, Estefanía; lo que Pablo y yo tratamos de hacer es cambiar el rumbo de la compañía.

–Agradezco las disculpas, Juan Carlos, y entiendo que queréis cambiar el rumbo de la empresa, pero hay diferentes maneras de hacerlo y no estoy de acuerdo con cómo estáis encarando el tema.

–Lo entiendo. Podíamos haber hecho algunas cosas de manera diferente y me gustaría enmendarlo, así que dejemos atrás este mal rollo y tratemos de enderezar el rumbo. ¿Te parece bien?

–Claro, me parece bien –confirma Estefanía.

–Y respecto a mí –agrega Pablo–, ¿qué es lo que sugieres?

–Si a los dos os parece correcto, creo que sería una buena idea si yo me reúno con cada uno de vosotros a solas para limar asperezas e intercambiar opiniones de cómo hacer que esto avance antes de que nos juntemos todos para ponernos de acuerdo. ¿Está bien?

–Por mi parte de acuerdo –afirma Pablo, al tiempo que Estefanía asiente con la cabeza.

–En ese caso mi asistente se pondrá en contacto con los vuestros para ver cuándo nos podemos reunir. Hasta entonces espero que ambos aceptéis mis disculpas por lo mal que se ha planteado esto hoy. Gracias por venir.

**Viernes, 8 de marzo de 2019, 11:30 h
Juan Carlos se reúne con Estefanía en su oficina**

Juan Carlos había pedido a su asistente que organizase una reunión en la oficina de Estefanía tan pronto como fuera posible. A la hora fijada en punto, Juan Carlos atraviesa la oficina del departamento informático hasta el despacho de Estefanía, cuyo asistente lo acompaña hasta la puerta. (3)

Juan Carlos levanta los brazos en señal de rendición sonriendo en dirección a Estefanía.

–¿Debería preocuparme por mi integridad física?

–No, siempre y cuando no haya más jugarretas como la de ayer –contesta Estefanía–. Otra de esas y vas a necesitar algo más que una semiautomática.

–Mmmm...

–Venga, siéntate. Dime lo que me tengas que decir.

–Bueno, espero poder decirte lo que te tengo que decir y luego tú me contestas.

–Puede que lo haga si tienes suerte. Dispara, y no me refiero a la semiautomática.

–Lo primero, me gustaría pedirte disculpas de nuevo.

–Ya está, Juan Carlos; como dijiste, pasamos página.

–Cierto, pero quisiera ponerte en antecedentes. Creo que la empresa tiene que cambiar de rumbo. Y también creo que necesitamos rediseñar nuestra cultura corporativa para que encaje con los valores de nuestros clientes y así ellos se identifiquen con nosotros.

–Vaya, un discurso formidable, Juan Carlos. Después de todos estos años trabajando contigo nunca te tomé por idealista –asevera Estefanía con una pilla sonrisa en su rostro.

–¡Venga hombre! Dame un respiro.

–Muy bien, te daré un respiro. La estrategia tiene mérito.

–En fin, eso es lo que pretendo hacer. Todos sabemos que Ramón estaba considerando muy seriamente jubilarse de manera anticipada, así que cuando me decidí a hacer realidad mi visión para la empresa, consideré que sería ideal traer a bordo a alguien como Pablo.

–De acuerdo, y puede que tengas razón. Se ajusta al patrón. Tiene un montón de entusiasmo, aunque a veces no vaya en la buena dirección.

Juan Carlos hace una mueca como respuesta, pero decide dejar pasar el comentario.

–De todos modos, estoy aquí para saber qué piensas. Me gustaría conocer lo que se te pasa por la cabeza sobre este tema en particular, y sobre todo lo que está ocurriendo en general. (4)

–Ya era hora.

–Sí, lo sé, pero lo hecho, hecho está. Así que estoy aquí para que me des tu opinión.

Estefanía suelta un suspiro.

–Tienes razón, Juan Carlos. Y yo también me tengo que disculpar.

–No pasa nada; entiendo cómo te sentiste, pero me gustaría que me dieras tus razones para ver las cosas de una manera diferente a como las vemos Pablo y yo.

–No sé si realmente creo que piense de una manera diferente a la vuestra.

–¿Te importa si repasamos lo que sucedió con Pablo?

–Sí, claro. ¿Por dónde empezamos?

–Pablo me dio a entender que no le parecía que tuviera la misma ayuda y apoyo por tu parte ni de tu departamento como la que recibía del resto. ¿Cómo consideras tú que fue tu contribución?

–Si te soy sincera, Juan Carlos, podía haber hecho más. Y supongo que todos podíamos haber hecho algún esfuerzo extra.

–Vale, gracias por tu sinceridad. Y ¿cuáles crees que fueron las razones para no haber hecho más?

–¿La verdad?

–Claro; agradezco que me cuentes las cosas como son. Esto no es una caza de brujas; simplemente estoy tratando de encontrar la manera de que trabajemos todos juntos en armonía y que todos tiremos hacia adelante en una misma dirección. (5)

–Pues si te soy franca, ya que estamos siendo sinceros, no me gustó la manera en la que se nos presentó la auditoría sin que nadie me pidiese opinión sobre su por qué o el cómo.

–Creo que te entiendo. ¿Cuál hubiera sido tu aportación?

–No estoy segura, pero hubiera agradecido que hubieseis preguntado mi opinión sobre si eso era una buena idea.

–¿Es una buena idea?

–Puede ser, pero en el momento no parecía lo adecuado.

–¿La auditoría?

–No, no. La manera en la que se presentó.

–¿A qué te refieres?

–Pues a que de repente esta nueva estrategia tuya y esta auditoría aparecen por mi puerta y el mensajero es este desconocido, un intruso lleno de confianza en sí mismo e impecablemente vestido que supuestamente iba a hacerse cargo de Recursos Humanos, Sistemas y Procesos.

»Sí, Juan Carlos, RRHH S&P –especifica espirando despacio y siendo un poco pedante. Juan Carlos parece rechazarlo de plano y continúa. (6)

–Así que estoy bastante seguro de que te estoy siguiendo. Sabemos que no te pidieron información sobre ello y crees que debería haber sido antes, y ahora has dicho que fue la forma en la que se presentó. ¿Cuál de las dos cosas te molestó más? (7)

–Ummm, buena pregunta. ¿Dónde me quieres llevar?

–A ningún sitio, Estefi, de verdad. Solo quiero estar seguro de que este plan va a ir bien y llegar al fondo de todo esto. Quiero limar todas las asperezas que haya, especialmente con la gente tan importante para este plan como tú.

–Uau, gracias por la inyección de ego.

–Entonces, ¿qué fue? ¿La forma en la que se presentó o más bien el hecho de no haber tenido noticias sobre esto antes?

–Seré clara, Juan Carlos. En realidad, tú respaldaste a Pablo sin consultarlo con el resto de nosotros y luego todo parece que se transforma en su cabeza. Estamos hablando de cambio y él viene hablando de visión y cultura con una auditoría en la mano que significa trabajo extra para mi equipo y para mí, trabajo que no necesitamos porque tenemos muchas cosas que hacer.

–¡Bien! Ahora estamos llegando a alguna parte.

–Lo he vomitado todo, ¿no?

–Sí, pero es lo que buscaba. No podemos seguir aguantando más. Como dije, necesito entender de dónde viene esto. ¿Qué más?

–¿Eh?

–¿Qué más te molesta o te molestó de la auditoría?

–¿En serio? ¿Me estás presionando?

–¡Sí! Continúa.

–Mira, Juan Carlos, no quiero parecer egoísta pero somos el departamento IT y no veo la parte que jugamos en toda esta –Estefanía sube las manos haciendo el gesto de comillas– «visión» de la que hablas.

Juan Carlos se pone visiblemente rígido en la silla; su cara y sus labios se aprietan antes de cambiar de posición y continúa casi como si nada hubiese ocurrido.

–Continúa. ¿Qué quieres decir? Esto es importante pero necesitaría entenderlo primero.

–Bueno, somos como las hormiguitas de la empresa. Nosotros nos ocupamos de nuestros problemas. Nos aseguramos de que los sistemas financieros funcionen, de que todo el stock, la distribución y la logística estén en marcha. Lo que estoy tratando de decir es que nosotros agachamos la cabeza y que creo que preferimos no ser vistos ni oídos. Somos como el departamento de «Si no hay noticias todo va bien».

–Interesante.

–¿Sí? ¿Quieres decir que nunca habías pensado en nosotros de este modo?

–¿Qué dices? ¿Las tuercas de los ordenadores te afectan al cerebro? –dice Juan Carlos con un guiño irónico y una sonrisa.

–Sí, ¡supongo que sí, algo así! –dice Estefanía sonriendo cálidamente.

–Bueno, siempre me he mantenido al margen del departamento de IT por su buen funcionamiento y entiendo que esto lo sabéis de sobra.

–¿Estás tratando de hacerme la pelota?

–Estoy diciendo lo que pienso y me alegro de que tú también hayas estado diciendo lo que piensas. (8)

–Es bueno que estés dispuesto a escuchar.

–Tengo que hacerlo si quiero que las cosas funcionen. Eso es básicamente la auditoría. ¿Hay algo más que quieras decir sobre este asunto? (9)

–Realmente no.

–Entonces, ¿puedo sugerir algo?

–Claro, adelante.

–¿Podemos resumir los puntos que dijiste y ver cómo podemos trabajar con ellos?

–Sí, por supuesto.

–Así que tus principales problemas eran…

–¿Podemos no utilizar la palabra «problemas»? ¡No quiero sentirme como una niña problemática!

–Ok, así que tu «problema» –Juan Carlos repite el gesto de las comillas de Estefanía– fue cómo se presentó la auditoría. Seamos honestos: tienes un problema con Pablo; la verdad que a ti no te gustan el nuevo concepto, la terminología y el hecho de que implica un trabajo extra y ciertos cambios para tu departamento, y a su vez no entiendes la parte que juegas en la transición que yo propongo. Es eso, ¿verdad? (10)

–Pufff, suena como una niña rebelde.

–Jajajá, un poco –exclama Juan Carlos con otro guiño de cómplice.

–Aunque creo que podemos quitar a Pablo de la ecuación.

–Sí, ¿cómo?

–Realmente no le he dado ninguna oportunidad. Él llegó con muchas ideas, por eso le has contratado y por eso supongo que está tratando de probarse a sí mismo.

–¿Cómo estás tan segura de que él no es un problema?

–Él no es el problema, eso seguro, y con la mano en el corazón no creo que lo vaya a ser, pero prometo que te haré saber si se convierte en uno, aunque creo que podemos trabajar bien juntos.

–¡Genial! Me alegra saberlo. De todos modos, ¿qué problema podrías tener con él? (11)

–Supongo que podría ser un choque personal. Creo que el desafío es más el hecho de que él está tratando de entrar en la empresa y cambiar todo lo que he construido. No tengo ganas de que nos digan que modifiquemos cosas, así que puede que tengamos un choque de personalidades.

–No voy a disculparme por eso, Estefi. Va a haber cambios, pero ¿cuándo no los ha habido? Solo quiero tener el control de ellos, y ahí es donde entra la auditoría. Quiero saber qué decisiones deberíamos tomar y hacer con la mayor información posible de los que saben.

–Sip, veo por dónde vas.

–Entonces veamos si podemos resolver estos problemas, Estefi. Si sacamos las conclusiones, ¿qué nos queda de lo que resumimos antes?

–No me gustaban el concepto, la manera en la se me presentó, la terminología que se utilizó, el trabajo extra que requiere y realmente no saber qué parte desempeñamos ni mi departamento ni yo.

–¿Cómo te hace sentir todo esto?

–¿Perdón?

–¿Sientes que son problemas reales?

–¿Sabes? De alguna manera presiento que no se trata de eso en realidad. Cuando me oigo a mí misma hablando de que no me gusta la terminología y el concepto y me escucho quejándome de todo el trabajo extra... no soy yo.

–Entonces, ¿de qué se trata? Sin rodeos, Estefi. Vamos al fondo del asunto. (12)

–Creo que me acabas de dar la respuesta hace un rato. Si me fijo en lo importante, una vez que hemos dejamos de lado todos mis lamentos sobre el trabajo extra y que no me gusta el concepto, tenemos la manera en la que se me anunció y el no saber cuál iba a ser nuestro rol. Probablemente el sentir que no tenía ni voz ni voto sobre todo lo que estaba sucediendo y no tener ni idea de cómo me iba a afectar a mí y a mi departamento. No sentía que tenía el control de la situación ni que podía influir en las decisiones que me iban a repercutir. Con todo lo que estaba pasando, veía que había perdido poder y, siendo una directiva con bastante experiencia en la empresa, ver cómo un novato llega y traza planes para mí y para mi departamento no me hizo mucha gracia.

–¿Esa es la raíz del problema?

–Sí.

–Creo que hemos llegado al fondo de la cuestión. ¿Cómo te sientes con todo esto? (13)

–Sí, creo que es eso. Toda animadversión hacia Pablo o hacia el proyecto en general procede de no haber tenido ni voz ni voto, ni ningún tipo de control sobre los acontecimientos.

–Muy bien. En fin, supongo que debo admitir mi parte de culpa. ¿Te parece justo?

–Supongo, pero tampoco te estoy culpando a ti.

–¿Qué crees que podía haber hecho mejor?

–Supongo que esta idea, este proyecto, se ha ido fraguando en tu cabeza durante una temporada. Me imagino que para ti era, o es, algo que tienes muy claro. Una vez que trajiste a Pablo, era muy fácil compartir tu plan con él, trabajando codo con codo y empezando a cambiar cosas entre bastidores. Solo puedo hablar en mi nombre, pero quizás desde mi perspectiva, y posiblemente desde la perspectiva de otros directivos, pensábamos que deberíamos haber sido tenidos en cuenta a la hora de decidir todos estos cambios.

–¡Vaya, Estefi! Es un argumento de peso. Yo, ehm, supongo que no lo vi de esa manera. En serio, creo que podía haber hecho las cosas de otra forma después de escuchar tu punto de vista.

–Bueno, hombre, no es el fin del mundo. Sé, y todo el que te conoce bien sabe, que no ha habido mala intención.

–Sí, ya, pero da qué pensar, lo cual es bueno. Entonces, ¿qué crees que debería haber hecho?

–Creo que lo ideal hubiera sido plantear tus ideas a todos los directivos y habernos dado la oportunidad de aportar nuestros puntos de vista. Contratar a Pablo y todos los planes que tenías para él se podía haber explicado a la junta antes de que se presentase en nuestras puertas con la auditoría interna.

–Sí, mensaje recibido, gracias. ¿Algo más que hubiera cambiado tu percepción del asunto?

–No, simplemente quiero mantener el control sobre mi departamento y mi trabajo, y también sentir que mi opinión tiene peso.

–Bien, de verdad que agradezco todo esto, Estefi. Creo que entiendo perfectamente la raíz de tu descontento. ¿Hay algo más que quieras añadir? Simplemente para asegurarme de que hemos sacado a la luz todo.

–No, me siento mucho más relajada; he sacado todo lo que llevaba dentro. No creo que guarde resentimiento.

–Vale, estupendo. Me gustaría poner las cartas sobre la mesa.

–¡Uff! ¿Debería preocuparme?

–No, no lo creo. De momento no vamos mal, ¿no?

–No. Adelante.

–De acuerdo. Hay dos temas principales que te incumben a ti o a tu departamento que me preocupan en cuanto a la transición que quiero llevar a cabo y las auditorías que se van a realizar. El primero es que no te gustan, o no compartes, mis ideas en cuanto al futuro de la compañía. Espero poder explicártelo de manera que estés de acuerdo. El segundo, el que más me preocupa, es el modo en el que te ves a ti y a tu departamento, inmerso en su micromundo, y el hecho de que no veas que tienes un papel importante en el proyecto. ¿Por qué crees que me preocupa? (14)

–Vaya, me pones en un apuro.

–Venga, ¿por qué crees que me preocupa el que no compartas mis ideas con respecto al futuro de la empresa?

–Supongo que consideras que es positivo que todos los directivos vean los cambios de manera favorable porque eso facilitaría la implementación de todos los movimientos necesarios.

–¡No lo podías haber expresado mejor! ¿Qué más?

–Que hubiera cuantos más directivos y personal clave compartiendo las mismas ideas facilitaría el cambio y este se filtraría a todos los rincones de la empresa.

–¿Puedo apuntar esto? Es fantástico. Ahora en realidad no te quiero dar un discurso sobre mi proyecto y mi visión para la empresa; a estas alturas ya sabes todo lo que hay que saber. Lo que me gustaría es que me preguntases cualquier duda que puedas tener. No te puedo prometer que pueda contestar a todas ellas, pero si hay alguna a la que no puedo contestar entonces será una pregunta que me tendré que preguntar a mí mismo antes o después. Así que este será un ejercicio estupendo para ambos. Bueno, ¿cuáles son tus dudas? (15)

–Mmm, supongo que la más importante es por qué cambiar y por qué hacerlo ahora. Lo estamos haciendo bastante bien, estamos creciendo año tras año. ¿Por qué arreglar algo que no está estropeado?

–Esa es una buena pregunta; de hecho, una que me he hecho a mí mismo.

–Ya pero es algo que nadie nos ha comentado, Juan Carlos. Ha sido más bien: «Tengo una visión consistente en transformar la empresa en una compañía orientada a valores éticos que sean atractivos para nuestros clientes». A mí me sonaba como si de repente estuviéramos adoptando la moda de todas estas multinacionales, compañías petroleras, farmacéuticas, bancos y demás, de convencer a la gente de que su principal objetivo es el bienestar de la humanidad –dice Estefanía con un punto de tensión en la voz.

Juan Carlos percibe que este es el verdadero punto de fricción con Estefanía y continúa hablando con precaución.

—Entiendo tu punto de vista. Nunca he explicado las razones, lo cual hubiera ayudado. Veamos si puedo explicarlas ahora.

»Siempre hemos sido una empresa que ha disfrutado de una clientela fiel a lo largo de nuestros 40 años de historia, ¿verdad?

—Sí.

—Y eso nos ha proporcionado una fuente casi garantizada de beneficios. Todo lo que teníamos que hacer era tomar un par de decisiones acertadas y el resto estaba prácticamente hecho. ¿Me sigues?

—Sí, claro.

—Pues bien, los que han sido nuestros clientes durante 40 años, esos leales clientes ahora tienen 60 años. Sus hijos, que también son fieles a nuestra marca, tienen 40 años. Sus hijos son la siguiente generación y todos los indicadores nos muestran que su fidelidad no está determinada simplemente por ofrecerles el producto adecuado en el momento preciso y en el lugar que ellos quieren, ni en base a lo que siempre han comprado con sus padres. Todos los informes nos señalan que su fidelidad como clientes está con aquellas compañías con las que comparten valores y una cultura común.

—Sí, entiendo lo del cambio generacional. Quiero decir, no lo había meditado antes, pero eso explica tus decisiones y el proyecto aunque ¿cuál es exactamente la cultura que quieres crear en la compañía?

—Estefanía, ¿has leído el informe?

—No, bueno, no del todo.

Juan Carlos suspira un poco exasperado.

—No estoy tratando de crear una nueva cultura de empresa. Creo que nuestra cultura es fantástica. Estoy tratando de definirla. Y de eso es lo que en el fondo trata la auditoría. Estoy intentando averiguar aquello que es más importante para todos nosotros y así poder demostrarnos a nosotros mismos y a nuestros clientes lo que somos. Y, por supuesto, quizás tengamos que hacer algunos ajustes y asegurarnos de que nuestra cultura empresarial tiene unos valores sólidos y desprendernos de aquellas cosas que no nos gustan, pero se trata en un 90% de redefinir, no de crear nada nuevo.

–Ok, te entiendo.

–¿Algo más? ¿Alguna otra duda con respecto al proyecto?

–Bueno, supongo que habrá detalles sobre los que tendré dudas más adelante, pero creo que acabas de despejar el camino en cuanto a lo más importante.

–Después de todo lo que acabo de decir, ¿por qué crees que me preocupa que no veas el papel que tanto tú como tu departamento jugáis en todo esto?

–No lo sé, Juan Carlos. ¿Por qué quieres a todo el mundo a bordo?

–Piénsalo, Estefanía. Esto es algo que tanto Pablo como yo tenemos muy claro. Ya sé que hasta ahora él y tú no os habéis llevado muy bien, pero es muy importante tanto para él como para mí. ¿Por qué crees que los dos estábamos tan desubicados cuando vimos que tú y tu departamento no cooperabais en el tema de la auditoría?

–¿Por no responder al cuestionario?

–Venga Estefi, no ves con claridad. ¿Qué te he dicho de la fidelización de nuestros clientes?

–Que la generación más joven es más difícil de fidelizar y que tenemos que ganárnoslos con nuestros valores y nuestra cultura de empresa.

–Bien, y ¿cómo nos comunicamos con ellos?

–¿Perdona?

–¿Cómo nos comunicamos con ellos? ¿Cómo se comunica con la gente más joven?

–Con las nuevas tec... –y Estefanía se da cuenta de golpe– ...nologías.

Juan Carlos sonríe al apreciar el cambio de expresión en la cara de Estefanía.

–¿Y quién está al mando del departamento informático en Mezza Moda?

–Yo.

–Sí, tú. Esa es la razón por la que queremos tus ideas y las de tu departamento más que las de ningún otro y por lo que realmente me preocupa el que pienses que no tienes ningún rol en todo esto. Tú has de estar al frente y estarás trabajando codo con codo con Pablo. Esa es la razón por la que estaba realmente preocupado. Y eso es por lo que quiero limar asperezas ahora. Una vez dicho esto, dime, ¿cuáles son tus preocupaciones?

Estefanía se halla sumida en sus pensamientos hasta que al final reacciona.

–Mira, no sé. Esto ha sido bastante inesperado. Me preocupa la cantidad de trabajo asociado que conlleva todo esto y que no seamos capaces de abarcarlo. Estoy un poco desorientada la verdad. Lo siento.

–No te preocupes. Me puedo imaginar que lo estés. Perdona que te lo haya soltado de sopetón.

–No creo que podamos hacerlo, Juan Carlos. Es un montón de...

–Sí, ya sé que es mucho, pero no vas a estar sola y no te voy a dejar tirada. De momento, hazme un favor: mantén una mentalidad abierta. Te voy a dejar ahora para que digieras las cosas pero te voy a pedir que hagas algunos deberes, si no te importa. (16)

–Sí, adelante. ¡¡Aprovecha que no puedo pensar con claridad de momento!!

–Quiero que medites sobre cuáles son los tres obstáculos principales que tenéis para afrontar las nuevas responsabilidades que vais a manejar y luego quiero que pienses en tres maneras en las que podemos crear vínculos con las generaciones más jóvenes utilizando las nuevas tecnologías para fidelizarlos. Piensa a lo grande, como si no hubiera ningún límite en cuanto a medios, personal, etc. Por último, anota cualquier idea que pueda ayudar a Pablo a ganarse la colaboración del departamento informático o cualquier otro departamento. ¿Te parece bien? Simplemente ideas sin elaborar. No quiero que le dediques un tiempo excesivo. (17)

–Sí, claro.

–Pues hablamos en breve entonces –añade Juan Carlos al tiempo que se levanta de la silla–. Llámame si me necesitas, mi puerta está siempre abierta. Gracias por escucharme.

–Gracias por venir. Estoy un poco en *shock* pero estaré en contacto. Te entregaré los deberes el lunes por la mañana. Que tengas un buen fin de semana.

–Y tú. Gracias

Juan Carlos le manda un *email* a Pablo.

....

De: Juan Carlos Herrero Gómez
Enviado: Domingo, 10 de marzo de 2019, 19:35 h
A: Pablo Jato Vázquez
Asunto: Situación con el departamento informático

Hola Pablo,

Me he reunido con Estefanía y creo que todo ha ido bien. Créeme, ella hace su trabajo estupendamente y cualquier fricción que haya podido existir tiene explicación. Me gustaría tratarlo contigo el martes por la mañana si estás libre. ¿Podrías reservarme entre las 9 y las 12 h de la mañana? Nos reuniremos a solas en principio y luego nos juntaremos con ella. Nos va a proponer algunas ideas que nos pueden interesar.

Hasta entonces puedes hacer algo para preparar nuestra reunión. Podrías definir los temas clave en los que tienes que trabajar con el departamento informático y después pensar en las posibles dificultades que se pueden encontrar Estefi y su equipo y lo que podemos hacer para ponerles las cosas fáciles.

Gracias. ¡Que tengas un buen fin de semana!

Te veo el martes, si no antes.

Juan Carlos

....

De: Estefanía Fernández March
Enviado: Domingo, 10 de marzo 2019, 19:34 h
A: Juan Carlos Herrero Gómez
Asunto: Deberes

Hola Juan Carlos,

Espero que hayas tenido un buen fin de semana. Aquí tienes los deberes que me mandaste. ¡Me siento de vuelta al colegio!

1. **Los tres grandes obstáculos para asumir mayores responsabilidades:**
   - Tamaño del departamento: ya estamos saturados con la carga actual de trabajo y una dependencia cada vez mayor de las nuevas tecnologías con el mismo personal.
   - Capacitación del personal: la mayoría de nuestro trabajo hasta ahora había sido técnico, pero este

nuevo proyecto requeriría un mayor componente creativo.
* Plazos: no estoy muy segura de cuáles son, pero de lo que estoy convencida es de que, como de costumbre, serán difíciles de cumplir.

2. Tres ideas para atraer a las generaciones más jóvenes y fidelizarlas a la marca:
    * Una aplicación de Mezza Moda para Iphones y Android donde la gente pueda comprar ropa directamente desde sus teléfonos y ojear lo que las tiendas más próximas tienen en stock en ese preciso momento (te explicaré esto en detalle la próxima semana).
    * Ofrecer la posibilidad de que el comprador pueda donar un pequeño porcentaje del precio que paga a una obra de caridad de uno de los grupos con los que colaboraremos. Partiendo de esa base podemos crear grupos como Mezza Moda World Wildlife Fund en redes sociales donde les podemos poner al día sobre como se están utilizando esos fondos, por ejemplo,.
    * Presencia en redes sociales y otros medios de interacción por Internet como manera de estar en contacto con los jóvenes, ofrecerles información y ponerles en contacto con otras organizaciones o eventos en los que puedan estar interesados y que estén relacionados con nuestros valores. Por ejemplo, conciertos, fundaciones para jóvenes, ayuda al estudio o para encontrar trabajo, etc.

3. Temas en los que a Pablo le podría resultar difícil trabajar con el departamento informático:
    - La manera en la que hemos trabajado hasta ahora, un poco aislados, puede hacer que tengamos una forma particular de hacer las cosas. Nos gusta trabajar a nuestro ritmo.
    - Si encontramos soluciones a los obstáculos que hemos identificado (punto número 1) debería haber pocos problemas. Si no se nos dan soluciones y se esperan resultados, entonces tendremos problemas.

Bueno, eso es todo Juan Carlos. Espero que sea útil. Nos vemos mañana.

Estefi

....

Martes, 12 de marzo de 2019, 9:02 h
Pablo se asoma a la puerta del despacho de Juan Carlos

—Hola, ¿qué tal? —Juan Carlos saluda a Pablo—. Entra, entra, siéntate —dice haciéndole señas a Pablo para que se aproxime a la mesa de reuniones situada en una esquina del despacho.

—Pues todo bien, gracias.

—Espero que tras hoy todo vaya incluso mejor. Tengo buenas noticias para ti.

—¿Quieres decir que te las apañaste para ganar a Estefanía? No parece fácil. Es dura de pelar ¿no?

—Sí lo es. Pero no me malinterpretes. Es durilla pero es alguien que quieres tener a tu lado en el momento en que empiezan los cañonazos. De verdad, no tengo nada malo que decir sobre ella; ha sido una estupenda compañera a lo largo de todos estos años y deberíamos asegurarnos de que está con nosotros en esto.

–Si tú lo dices…

–Pues sí, y es más, en la reunión que tuve con ella tuve la oportunidad de ver las cosas desde su punto de vista. Llegué a entender por qué no parecía muy predispuesta a colaborar con el proyecto al 100%. Ponte en su lugar, ¿qué piensas que me contó? (18)

–Mmm, no lo sé.

–Vamos, inténtalo.

–Supongo que no veía con buenos ojos mi llegada a la empresa y que empezase a revolver en lo que probablemente era un sistema que funcionaba.

–¡Bingo! Esa es una. ¿Cómo te hubiera hecho sentir a ti?

–Sí, supongo que si te has pasado tanto tiempo como Estefanía desarrollando y perfeccionando el departamento y los procedimientos para que llegue alguien como yo y empiece a agitarlo todo…

–Una elección de palabras interesante.

–¿Perdón?

–¿Alguien como tú?

–¡Ahhhh! –exclama Pablo entre carcajadas–; supongo que doy esa impresión de estar muy seguro de mí mismo. Algunos dirían arrogante, supongo. Tengo un montón de energía y eso no le va a mucha gente.

–Te contraté por esa energía y esa confianza, además de por tu experiencia y cualificaciones, pero me dices que desprendes una imagen, digamos, negativa. ¿Te ayuda a conseguir tus objetivos? Piénsalo, no me contestes ahora. Simplemente es algo que te puede dar que pensar. De todos modos, has utilizado las palabras «agitar» y «revolver». Me interesa, y no estoy, de ningún modo juzgando. ¿Qué querías decir? (19

—Bueno, supongo que me refiero a cuestionarlo todo, interactuar con mucha energía, analizarlo todo con el microscopio, investigar...

—¿Como la Policía?

—Bueno, no; quiero decir quizás en algunos aspectos... Vale, lo entiendo. Si me comporto como un policía la gente se sentirá como si hubiera hecho algo mal, como si fueran los malos, por decirlo de alguna manera.

—No se trata de ti Pablo, se trata de nosotros dos. Después de hablar con Estefanía empecé a darle vueltas y creo que podíamos haber encarado esto de una manera diferente. Quiero decir que hay un momento y un lugar para hacer todo esto, pero aquí se han hecho bien las cosas y tanto los directivos como los mandos intermedios han hecho un fantástico trabajo en general. Quizás les debíamos haber incluido en el equipo de investigación.

—Perdona, me he perdido.

—Sí, lo sé. No estoy siendo claro. Creo que la mayor queja que tenía Estefanía es que nadie les había explicado nada sobre toda esta visión, el plan, la auditoría o las razones y motivos para todo esto. Con lo cual ni entendían ni se sentían involucrados, y durante todo este tiempo tenían claro que nosotros dos estábamos moviéndolo todo entre bastidores. Nuestra idea era involucrar a la gente en medio de la auditoría pero quizás deberíamos haber contado con la alta dirección por lo menos algo antes. Esto es responsabilidad mía. Fue mi decisión. Te pido perdón, porque esta manera de hacer las cosas te ha aislado del resto de directores y ha dificultado tu trabajo. Estefanía tenía razón, y en realidad son buenas noticias. Quería ser tenida en cuenta y participar en las decisiones. También tiene sus reservas, pero no se opone como lo hacía antes. Mira, este es el correo electrónico que le pedí que escribiera. Creo que te va a gustar. (20)

Pablo procede a leer el *email* de Estefanía a Juan Carlos.

–¿Qué piensas? –pregunta Juan Carlos al ver que Pablo llega al final del *email*.

–Bueno, lo primero de todo, me gustan las ideas. Ya había pensado en el tema de la responsabilidad social, pero lo que propone Estefanía se lleva la palma; la idea de usar una App es brillante. Aunque me preocupan algunas cosas de aquí.

–¿Qué te preocupa?

–Bueno, los obstáculos que ella presenta…

–¡Sí! Estoy de acuerdo, pero es lo que tienes que hacer como director de Recursos Humanos, Sistemas y Procesos.

–Bien, mi trabajo es asegurarme de que todo el mundo orientado a sistemas y procesos esté funcionando sin problemas y eficientemente.

–¿Y si Estefanía siente que necesita más?

–Tengo que trabajar muy cerca de ella para asegurarme de que tiene lo que necesita.

–Bueno y ¿a quién vais a convencer?

–¿A ti?

–Correcto. Tú y Estefi trabajáis juntos para convencerme. Ella lo dice en su *email*. Si pudiéramos solucionar el número de personas y la experiencia, supongo que sin cargarle el muerto a ella, y en lugar de eso tener a la gente en el puesto con sus funciones establecidas antes de que el proyecto se ponga en marcha, habría menos problemas.

–Sí, pero fue muy clara con que no veía a su departamento teniendo ninguna función en esto.

–Eso es verdad, pero después de mi conversación con ella tengo la sensación de que no ve a su departamento como parte de esto en su formato actual. Retomemos dentro de un par de horas el tema de Estefanía pero quiero que te vayas y pienses en algunos compromisos o en algo que puedas ofrecerle de forma de personal, y tiempo, como ella dice, así podría sacar algunas de esas ideas que tiene. Démosle un proyecto que vea algo interesante, dale las herramientas para hacerlo y quítale todas las dificultades que puedas. ¿Puedes reunirte de nuevo aquí como a las 12:00 h?

–Por supuesto, déjame ver lo que puedo hacer.

–¿Alguna pregunta?

–No. Está todo bien.

–Perfecto entonces.

....

Martes 12 de marzo de 2019, 9:33 h
Juan Carlos llama a Estefanía

–Hola Estefi, ¿crees que podrías venir a mi oficina a las 11:30 h más o menos?

–Hola Juan Carlos. Acabo una reunión sobre esa hora. ¿Podrías moverla a las 11:45h?

–Sí, claro, no hay problema. Te veo luego. Oh, a propósito, Pablo vendrá a la reunión en algún momento; solo para que lo sepas.

–Gracias por eso. Estoy seguro de que irá mejor que la última vez.

–Esperemos que sí. Nos vemos más tarde.

–Hasta luego.

....

Martes 12 de marzo de 2019, 11:41 h
Estefanía llega a la oficina de Juan Carlos

–¿Juan Carlos? –llama su asistente a través de la puerta–. Estefanía está aquí para verle.

–Gracias, que pase. –Estefanía entra decidida a la oficina–. Gracias por estar aquí tan pronto como siempre.

–No hay problema. Cuando dije a las doce menos cuarto realmente quería asegurarme de que no estuvieses esperando o teniendo que cortar la otra reunión bruscamente.

–Estupendo, así que sentémonos –mientras él se mueve a la mesa de reuniones en la esquina de su oficina.

–Quería hablar un poco de la última reunión que tuvimos. Solo para asegurarme de que lo tengo todo claro.

–Ok, adelante, pero creo que fue bastante bien. Yo al menos me sentí mucho mejor después de la reunión.

–Yo también; no quiero que me lleve mucho tiempo y no creo que duela. Lo primero de todo es que he estado pensando más acerca de cómo está todo y tengo que admitir que cometí algunos errores en la implantación de mis nuevas ideas. Debería haber consultado con mis colegas más veteranos y, lo más importante, contigo como alguien que puede ser una parte integral de este plan. Me he disculpado con Pablo porque no creo que lo que he hecho yo ayuda a su causa de integrarle en nuestro equipo de dirección senior ni implementar el plan que había ideado. Me disculpo contigo también. Como mencioné la última vez, entiendo tus sensaciones sobre cómo te lo presentamos y algunas de tus dudas sobre el proyecto y tu posible involucración. Y disfruté mucho con el *email* de la «tarea» que enviaste. Había algunas ideas excelentes y me gustaría plantearlas en una reunión y poder llegar a un buen acuerdo de trabajo, especialmente cuando Pablo se una a nosotros. ¿Cómo te sientes con eso? ¿Me he explicado bien?

—Te has explicado estupendamente. Me alegra poder trabajar contigo y con Pablo. Estará muy bien. Me doy cuenta de que he sido muy dura con las dificultades que puse en mi *email* y puede que fuera un poco agresiva con lo que sugerí, y además podría complicarle la vida a Pablo al trabajar con el departamento de IT, pero estaba intentando ser lo más realista posible.

—Fueron puntos muy válidos y si el problema está allí entonces debemos estar preparados. Yo prefiero que nosotros seamos… —la puerta se abre otra vez y la asistente de Juan Carlos aparece con Pablo—. Adelante…

—Hola, ¿qué tal estáis? —Pablo les saluda y es correspondido.

Juan Carlos va directo al grano.

—Acabo de explicarle a Estefanía que prefiero tener todas las cartas sobre la mesa para que sepamos a qué atenernos. —Pablo asiente con la cabeza antes de que Juan Carlos continúe—. Me he reunido de manera individual con los dos tras el desastre de reunión que tuvimos el jueves. Durante esos encuentros me he disculpado por separado por mi pésima gestión inicial de la situación, y lo haré de nuevo ahora. Lo siento —añade, mirando primero a Estefanía y luego a Pablo—. No quiero perder más tiempo hablando del pasado pero para poder pasar página necesitamos aclarar algún punto todavía, así que tengo una pregunta: ¿De dónde proviene el desencuentro entre vosotros dos y entre vuestros departamentos? (21)

Pablo habla primero, ansioso por intervenir.

—Creo que, como bien has dicho, Juan Carlos, en nuestra reunión previa podíamos haber presentado el proyecto al equipo directivo con anterioridad. Estefanía estaba llamada a ser una pieza fundamental para llevar esto a cabo con éxito y me sentí decepcionado al no conseguir la colaboración que esperaba. Estaba quizás demasiado pendiente por causar una buena impresión desde el principio y quizás se me fue la mano. Probablemente debería haber intentado arreglarlo directamente con Estefanía primero.

–Creo que los dos estábamos un poco tensos, Pablo, si he de serte sincera –le interrumpe Estefanía–. Me irritó sobremanera que no se me consultara o no se contara conmigo.

–Pero ¿había algo personal en todo el asunto? –Juan Pablo dirige la pregunta a Estefanía, quien titubea. Percibiendo la vacilación, Pablo interviene–. Por mi parte no había nada personal, aunque probablemente no escogí muy bien las palabras cuando hablé de no recibir el tipo de cooperación que esperaba. Sin embargo no conozco a Estefi lo suficiente como para tener ninguna animadversión personal contra ella. Y entiendo las razones por las que ella se ha podido irritar. Quizás puedo dar la impresión de ser algo engreído en un primer momento, lo cual no me ayuda en absoluto, ni a mí ni a nadie.

–Totalmente de acuerdo; no hay nada personal en absoluto. No voy a mentir, Pablo; las formas me irritaron, pero creo que reaccioné de una manera exagerada debido a cómo me sentía con respecto a todo el asunto.

–Muy bien. ¿Entonces entre nosotros todo bien? –exclama Juan Carlos.

–Sí, claro –contestan al unísono Estefanía y Pablo.

–¿Preparados entonces para trabajar codo con codo y conseguir resultados, o hay algo más quizás debamos tratar antes de dar por concluido el asunto?

–No por mi parte –dice Pablo.

–Ni por la mía –le secunda Estefanía.

–Estupendo. Por cierto, Estefanía, he compartido alguna de las ideas que me enviaste con Pablo.

−Algunas son fantásticas. Me encanta lo de las aplicaciones para móviles, y la opción de ayudar a organizaciones benéficas es estupenda. Supongo que no solo estás siendo creativa sino que las propones sabiendo que técnicamente son factibles −razona Pablo.

−Exacto, y en mi opinión el sacar adelante este proyecto depende un montón de ti y de tu departamento. La pregunta es, quizás, ¿cuánto te quieres involucrar? −pregunta Juan Carlos.

Antes de que Estefanía pueda contestar, Pablo interviene:

−Realmente me encantaría contar contigo para este proyecto. Por alguna razón ahora me siento bastante cómodo con la idea de trabajar contigo y tengo la convicción de que juntos podemos hacer grandes cosas. Sin embargo, sé, porque me lo ha transmitido Juan Carlos, que tienes dudas en cuanto al proyecto, así que antes que nada tenemos que aclararlas.

−Sí, tengo todavía algunas dudas, pero estoy convencida de que las aclararemos. Parece que vamos por el buen camino, ¿no?

−En efecto. Juan Carlos mencionó que el mayor obstáculo que observas tiene que ver con el personal que tienes a tu cargo, tanto en cuanto al tamaño del equipo como en cuanto a conocimientos. ¿Sigue siendo esa tu percepción?

−Lo he estado meditando y sí, es algo que tenemos que solventar, y sobre todo tenemos que replantearnos la estructura de mi departamento. Funciona muy bien para los objetivos y cometidos actuales, pero todo este trabajo adicional, en fin, no estoy muy segura de cómo encaja con el organigrama y la gente de la que dispongo. No sé si Juan Carlos te lo comentó, pero también me preocupa la reacción que mi equipo pueda tener a lo que ellos pueden ver como interferencias externas, ya que están muy acostumbrados a trabajar a su manera en su «cueva».

–¿Cómo podemos evitar cambios perjudiciales en la estructura y la forma de trabajar del departamento informático?

–Bueno, estaba cavilando sobre el tema –interviene Pablo–; por supuesto todo depende del nivel de participación que Estefanía quiera tener. ¿Sería posible que todo lo que tenga que ver con este proyecto se desarrolle dentro del departamento pero de manera independiente del actual organigrama en un equipo separado?

–Claro, es una posibilidad. Cómo lo podemos hacer ya es otro tema.

–Espero que no te importe; estuve pensando sobre eso mismo cuando me comentaste tus inquietudes relativas al personal a tu disposición. Vi que tienes dos compañeros con un perfil excelente justo por debajo de ti en el organigrama. Si te quieres involucrar en el proyecto podríamos darle a uno de ellos más responsabilidad sobre las funciones actuales en el departamento, asumiendo el otro el control sobre los requerimientos adicionales. Por supuesto los dos seguirían subordinados a ti, así que tú supervisarías todos los aspectos, ¿qué te parece?

–¿Te refieres a Marta y a Juan?

–Sí.

–A mí me parece bien –interviene Juan Carlos.

–Podría funcionar, aunque todavía tendríamos que incorporar más gente con los conocimientos adecuados para ayudar a quienquiera que se ocupe del nuevo proyecto.

–¿Y quién crees que sería el más adecuado para ello?

–Juan, sin ninguna duda. Tiene un mayor don de gentes, lo cual es vital para poder coordinar todo con el resto de equipos, y es más creativo, mientras que Marta es más metódica y no lleva tan bien los cambios.

Juan Carlos asiente con la cabeza y mira a ambos, observando que los dos asienten a su vez.

–Parece que esto podría ser el comienzo de algo. ¿Cuánta gente más crees que necesitaríamos para empezar? Y ¿cuáles son las necesidades en cuanto a experiencia y conocimientos?

–Necesitaríamos un *community mánager* para gestionar todo lo relativo a las redes sociales. Alguien con la cabeza en su sitio y un conocimiento adecuado de cómo usarlas. Hay bastante información disponible y no supone mucho coste. Lo que sí necesitaremos, y supondrá un desembolso considerable, es un muy buen programador de aplicaciones para móviles y tabletas. Juan podría necesitar un asistente, pero quizás podríamos desplazar a alguien del equipo de Marta.

Juan Carlos observa complacido como Estefanía ya coloca mentalmente a Juan y Marta en sus nuevos roles. Sonríe para sí mismo y le pregunta a Estefanía:

–Veo que estás más involucrada, Estefi. ¿Contamos contigo entonces?

–Cuenta conmigo, Juan Carlos –dice, al tiempo que gira la cabeza para mirar a Pablo y repite–. Cuenta conmigo –extendiendo la mano para dársela a Pablo.

–¡Fantástico; pongámonos manos a la obra! –exclama Pablo.

PRINCIPALES ASPECTOS DE LA GESTIÓN DE CONFLICTOS

«Un conflicto es una situación de tensión que surge cuando las percepciones, intereses, deseos o valores de dos o más personas son, o parecen ser, incompatibles».

Un conflicto no ha de ser necesariamente malo. Lo puede ser, por supuesto, pero no siempre. Entonces, ¿cuál es la diferencia entre un conflicto «malo» y uno «bueno»? En líneas generales, un buen líder se asegurará de que el conflicto se resuelva de manera satisfactoria para todas las partes involucradas. Con toda certeza, un líder se enfrentará con situaciones conflictivas a lo largo de su vida laboral con bastante asiduidad. Un *líder-coach* deberá saber gestionar esos conflictos de manera que se llegue a una solución óptima. Esta «solución óptima» no conlleva simplemente desarmar el conflicto volviendo al *statu quo* previo, sino emplear toda esa energía que se desencadena, de manera inevitable, cuando hay un conflicto para conseguir resultados positivos para el equipo, el departamento o la organización.

Los conflictos surgen de manera natural cuando las personas interactúan. Son incluso posibles dentro de una misma persona, con lo que no es difícil de imaginar el potencial que existe para que aparezcan cuando hay una multitud de individuos involucrados. De ahí que sea tan frecuentes en empresas y organizaciones en general donde hay grandes intereses a veces contrapuestos en juego. Pueden ser de todo tipo: desde el choque de personalidades, a enfrentamientos entre gente con diferente escala de valores, una mala relación estructural entre la dirección y los empleados debida a una deficiente comunicación, falta de confianza o la exclusión de estos últimos en la toma de decisiones. La carencia de recursos o la, real o percibida, desigual distribución de los existentes puede producir estrés e irritabilidad creando el caldo de cultivo perfecto para que surjan conflictos. «Ese es su trabajo, no el mío», «*yo ya tengo bastante con lo que tengo*», «*¿por qué nunca nos aumentan el presupuesto?*» son frases habituales en un ambiente de trabajo.

El denominador común de todas ellas es el factor humano. Incluso la falta o mala distribución de recursos lleva implícita una valoración o percepción subjetiva. El lugar desde donde a menudo se originan los conflictos es el sitio adecuado para controlarlos y gestionarlos, es decir, los puestos de dirección o liderazgo. Los departamentos donde se generan los problemas y persisten sin solucionarse, donde no se asumen responsabilidades y las diferencias se ignoran o se esconden debajo de la alfombra, son el caldo de cultivo perfecto para que se originen y se intensifiquen los conflictos. Un buen liderazgo responsable puede eliminar la fuente de conflictos indeseables y gestionar otros tipos de conflictos de manera efectiva para conseguir resultados positivos.

Para valorar la importancia de una gestión de conflictos efectiva por parte del *líder-coach* es interesante enumerar las consecuencias negativas que un conflicto mal gestionado puede tener. Una de las principales sería la pérdida de productividad, lo cual es determinante en el éxito de cualquier negocio u organización. En una situación de conflicto, la energía de las partes involucradas o afectadas se redirecciona, directa o indirectamente, hacia el conflicto, que muchas veces constituye su principal preocupación en ese momento determinado. Incluso aunque el mayor esfuerzo se siga depositando en actividades productivas, se pierde concentración, y los miembros de un equipo u organización dejan de empujar en la misma dirección. Los conflictos, de manera inevitable siembran obstáculos que dificultan la comunicación y deterioran las relaciones, originando a su vez más situaciones conflictivas, comportamientos indeseados, deterioro de la moral y estrés.

Estas consecuencias negativas se deben a alguno de los errores habituales que se cometen, tanto si el conflicto se gestiona por un líder desde una posición neutral o por una de las partes involucradas en el conflicto. Algunos de los errores más comunes son:

- Actitud antagonista de «ellos contra nosotros», en vez de «todos juntos para resolver el problema».
- No conseguir separar la diferencia o el conflicto de la persona. Nunca personalizar.
- Hacer hincapié en las diferencias en vez de en lo que hay en común.
- No ser capaz de independizar el conflicto de otros asuntos que pudieran estar relacionados.
- Concentrarse en apaños a corto plazo, en vez de emplear tiempo en ir a la raíz del conflicto y plantear soluciones a largo plazo.

Así pues, la pregunta es ¿cómo encaramos un conflicto dado sin caer en estos errores? El llamado «Enfoque Relacional Basado en Intereses» es una herramienta excelente que nos permite desarrollar estrategias de gestión de conflictos. Este enfoque se basa en el respeto de diferentes opiniones, valores e ideas ajenos pero permitiendo una cierta flexibilidad para acercar posturas. Un *líder-coach* podría tomar esta premisa como lección personal por sí misma. Pero, aparte de esto, ¿qué acciones concretas se necesitan para ser considerados con las diferentes posturas mientras se mantiene una posición flexible por todas las partes interesadas?

- Sé consciente del precio a pagar por una relación que se ha deteriorado en un conflicto. Conservar las buenas relaciones debe ser una prioridad. Separar lo personal del problema en cuestión. Este enfoque ayuda a evitar la actitud «ellos contra nosotros», y la cortesía mutua es el cimiento sobre el que construir soluciones y acuerdos aceptables para ambas partes. ¡Ah, y deja el orgullo en casa! Las soluciones se deben de adoptar de manera conjunta; no hay sitio para el orgullo.

- Céntrate en los intereses en vez de obsesionarte con las posturas: estas últimas se pueden adoptar por una multitud de razones y algunas personas las defienden con tenacidad. El ir más allá, a la raíz, y buscar los intereses u objetivos nos ayuda a encontrar la motivación original. En la mayoría de los casos hay varias formas de cumplir los objetivos en un conflicto y así se nos abre la posibilidad de acercar posturas y encontrar soluciones satisfactorias para ambas partes.

- Busca primero entender a la otra parte y después ser entendido: la vieja máxima de Steven Covey. Vieja pero extremadamente efectiva, tanto para mantener relaciones como para identificar los intereses y objetivos de la otra parte. Escucha atentamente y, de manera empática, haz preguntas, pide aclaraciones y realiza un esfuerzo honesto por comprender al otro. Cuando alguien hace un esfuerzo para que le comprendan tiende a expresar sus intereses u objetivos últimos en vez de adoptar posturas inamovibles.

- Céntrate en hechos objetivos cuando gestiones conflictos, fija unos objetivos ideales como meta y haz un listado de las circunstancias que puedan dificultar su consecución. Es importante ceñirse a describir los obstáculos a superar sin hacer juicios de valor o interpretaciones que podrían desviar la atención y difuminar los hechos objetivos. Las partes en conflicto podrían trabajar de manera conjunta para superar estas dificultades previamente identificadas y descritas.

Al principio de este capítulo se habló de que el objetivo no ha de ser simplemente el deshacer la situación conflictiva y volver al *statu quo* evitando desenlaces negativos. El *líder-coach* ha de aspirar a utilizar la energía desencadenada durante el conflicto para fortalecer al equipo en vez de debilitarlo. Así pues, ¿qué podemos esperar? ¿Cuáles son los beneficios potenciales si gestionamos un conflicto de manera efectiva para llegar a una solución óptima?

A menudo escuchamos hablar de grupos que han atravesado situaciones difíciles o incluso traumáticas y de cómo esas experiencias fortalecen los vínculos dentro de los mismos. Si una situación conflictiva se gestiona con éxito, el proceso puede crear un vínculo parecido. Las relaciones se pueden fortalecer al haber encarado un determinado peligro y haber sobrevivido a él. Puede aumentar la moral, fortalecer la confianza mutua y mejorar la seguridad en uno mismo, motivando a todo el equipo. Ayuda a la gente a comprender a aquellos que están alrededor, e incluso a ellos mismos, dándoles la confianza para ser asertivos, para decir lo que piensan y para ser creativos.

Permite que los, en principio, pequeños problemas que son ignorados y tolerados sean enfrentados y resuelvan, mejorando tanto los procesos como las relaciones entre los miembros de un equipo. Gestionar conflictos de manera satisfactoria produciendo resultados positivos se puede convertir en parte integral del día a día y de la idiosincrasia de un equipo, fomentado debates e intercambios de opiniones saludables y constructivas, en vez de discusiones y enfrentamientos dañinos. Le da a la gente la confianza de que si han superado los problemas de manera positiva una vez, lo pueden conseguir de nuevo, y que un conflicto no tiene por qué ser algo perjudicial, sino que puede ser algo tremendamente positivo.

COMENTARIOS DEL LÍDER-COACH EXPERTO

(1)   En situaciones donde surja un conflicto inevitable o posible, la persona que se halle en una posición neutral (en este caso el *líder-coach*) ha de esforzarse en no exacerbar la situación. En este caso, el líder, al encontrarse con una de las partes en su despacho antes de que la otra haga acto de presencia, elimina la sensación de imparcialidad, y la persona que llega más tarde puede ponerse a la defensiva al intuir que se le ha tendido una emboscada.

(2)   Estas palabras se pueden considerar provocativas. Es importante ser considerados en todo momento y prestar la máxima atención a los sentimientos de nuestro interlocutor. Es obvio que este momento determinado es importante para Estefanía. Simplemente el reconocer los sentimientos de la otra persona seguido de una declaración de intenciones puede ayudar. Por ejemplo: *«Imagino que te pueda dar esta sensación, Estefanía. Sin embargo, te puedo asegurar que no había ninguna intención de crear esta situación. El objetivo era...».*

(3)   Claramente Juan Carlos ha aprendido de errores pasados. Ha ido al despacho de Estefanía. Este es su territorio donde ella se siente cómoda y es una concesión obvia por parte de Juan Carlos, al reconocerla como una igual. Esto debería ayudar a fomentar la confianza y facilitar el diálogo, eliminando las barreras que se hubieran creado si la reunión hubiera tenido lugar en la oficina de Juan Carlos.

(4) Para los que estéis familiarizados con *Los 7 hábitos de la gente altamente efectiva* de Stephen Covey, Juan Carlos en esta situación trata primero de entender antes de darse a entender, para lo cual invita a Estefanía a explicarse. Esto tiene varios efectos positivos. Por un lado ayuda a fomentar la confianza. Por otro lado el *líder-coach* puede asesorar mejor en la situación y buscar soluciones de una manera más efectiva. Además, es más probable que la otra parte escuche de manera objetiva al *líder-coach* si se le ha escuchado atentamente primero.

(5) Debemos tener cuidado a la hora de comunicarnos con frases negativas. De la frase «No estoy haciendo una caza de brujas» el cerebro, de manera inconsciente, elimina la partícula negativa, con lo que queda: «Estoy haciendo una caza de brujas», lo cual no suena tan bien, ¿verdad? Incluso el uso de la expresión «caza de brujas» hace que salten las alarmas y pone al interlocutor a la defensiva. Sería aconsejable una fórmula más positiva, algo como: «Lo único que quiero es encontrar una solución que resulte adecuada para todos».

(6) Juan Carlos está siendo demasiado puntilloso y explícito. No vayas tanto al detalle. Al resolver una situación conflictiva es necesario ponerse de acuerdo en líneas y conceptos generales en un principio con el fin de crear un ambiente de acuerdo y conciliación. Después puedes entrar en detalles más específicos, y quizás más conflictivos.

(7) Las preguntas que comienzas con «cuál» pueden ser extremadamente efectivas. Ayudan a la comprensión general del problema, acercando a las partes al proble-

ma real, lo cual facilita que el se halle la solución más adecuada. De nuevo, como en el punto anterior, debemos ir de lo general, poco a poco, a lo específico y particular.

(8) Esta es una admisión muy simple pero muy efectiva. En una sesión de *coaching*, sea formal o informal, es realmente importante que nadie se sienta juzgado. Esta frase muestra que la aportación y la sinceridad de un individuo es apreciada sin ningún tipo de juicio de valor. Ayuda a crear un clima de sinceridad y a avanzar en la resolución de los problemas.

(9) Al preguntar si hay algo más de lo que quieren hablar, el *coach* está tratando de airear todos los problemas o tensiones. Por supuesto, no va a garantizar que queden asuntos subyacentes que surjan en el futuro, pero se da más oportunidad a que se detecten y se traten con antelación.

(10) En este momento de la reunión, Juan Carlos prepara una lista de asuntos a tratar. El objetivo es ayudar al *coach* a explorar los temas con su compañero y facilitar a la otra persona a gestionar los problemas de una manera precisa y estructurada. Por otra parte el *líder-coach* tiene que tener cuidado al usar palabras como «problemas» si la otra persona no lo ha hecho. Expresiones que contengan los términos «problemas», «imposible» o «desastre», por ejemplo, tienen un impacto muy grande en individuos que se encuentran en un conflicto con alta carga emocional.

(11) Esta es una pregunta realmente efectiva. Anticipa escenarios posibles, de manera que la persona puede hacer planes con el fin de mitigar futuras contingencias.

(12) Mientras que es importante hacer que los intervinientes en la sesión de *coaching* se sientan a gusto, más importante es todavía no desviarse de los asuntos a tratar. A menudo, cuando el *coach* inquiere a alguien a explorar diferentes alternativas e ideas, es bastante probable alejarse del tema en cuestión. Es vital poder reconducir la conversación a los asuntos esenciales, concretar ideas y avanzar con otros temas.

(13) Preguntas del tipo «¿Cómo te sientes con todo esto?» o «¿Nos aproximamos a la realidad?» ayudan a que el interlocutor pueda aportar su versión y no se sienta violentado si considera que la narración no se ajusta a su visión de los hechos.

(14) Juan Carlos aquí se hace entender. Ha dedicado tiempo a comprender el punto de vista de Estefanía y ahora hace hincapié en sus propias inquietudes de una manera clara, concisa y estructurada. Al preguntarle por qué estos temas le preocupan, la invita a ponerse en su lugar y a empatizar con su punto de vista.

(15) Esta es otra pregunta fantástica que le da a Estefanía una sensación de control sobre la situación. Juan Carlos se ha dado cuenta de que ella se había sentido totalmente desplazada y la pregunta ayuda a que se sienta cómoda en cuanto a su rol en el devenir de los acontecimientos.

(16) ¿Deberes? Sí, ¿por qué no? No tienen por qué hacerse en casa, aunque sí implica que se tienen que hacer rápidamente. Quizás hablar de «plan de acción» suene más profesional que de «deberes». De todos modos lo importante es que esto ocurra cuando se esté con la actitud adecuada, centrado en los cambios que se han de hacer, con un estado de ánimo menos subjetivo y de manera más relajada que en una reunión o en medio de una situación conflictiva.

(17) De la misma manera que en el punto 14 Juan Carlos le pedía a Estefanía ponerse en su lugar, ahora le pide que se ponga en el lugar de Pablo. De nuevo, para fomentar la empatía y aliviar tensiones entre los dos.

(18) Y aquí, igual que en los puntos 14 y 17, Juan Carlos trata de que las distintas partes empaticen entre ellas. Si Juan Carlos simplemente le hubiera contado a Pablo las razones del descontento de Estefanía no habría sido tan efectivo ni se habría creado la misma empatía ni entendimiento común.

(19) Prestar especial atención a determinadas palabras o expresiones, repitiéndolas a tu interlocutor, así como haciendo preguntas para profundizar más en las cuestiones, muestra que se está escuchando con atención. Un buen *coach* es capaz de captar estos detalles cuando a veces pasan desapercibidos para la persona que está hablando. Dejar claro que se está escuchando con atención sirve también para alentar al interlocutor a continuar y darle la confianza debida en cuanto a que lo que está diciendo es importante.

(20) Asumir la responsabilidad de una determinada situación puede relajar el ambiente más caldeado. Si el *líder-coach* tiene la suficiente confianza en sí mismo para asumir las responsabilidades, eso da pie al resto de partícipes a abandonar actitudes defensivas e interactuar de manera constructiva. Es importante resaltar que un líder no debe asumir «la culpa» de todo lo que ocurra, pero si realmente se tiene alguna responsabilidad, asumirla puede ser un remedio rápido para solventar situaciones conflictivas complicadas.

(21) *«¿De dónde proviene el conflicto entre vosotros dos y vuestros departamentos?»*. Esta pregunta directa se realiza una vez que toda la animosidad se ha rebajado y ambas partes han tenido tiempo para sosegarse y reflexionar. Se trata de una pregunta que les invita a meditar y a hacer concesiones y así pasar del modo «competir» del modelo de Thomas-Killman al modo «llegar a acuerdos» o «colaborar», siendo cualquiera de los dos más favorables para los intereses de la empresa en general y del proyecto en particular.

BREVES RECOMENDACIONES FINALES SOBRE LA GESTIÓN DE CONFLICTOS

1. **La relación entre las partes es crucial.** Tanto si se trata de partes activas en el proceso o neutrales en un rol como el de *líder-coach*. Mantener una buena relación es tremendamente necesario tanto a corto como, sobre todo, a largo plazo. Podemos fomentar las buenas relaciones por medio de empatía, primeramente tratando de comprender el punto de vista del otro y luego comuni-

cando el nuestro, escuchar con atención, profundizar en las ideas del otro, pedir aclaraciones y, después, manifestando una intención sincera de llegar a una solución de beneficio mutuo.

2. **Terreno neutral, sin favoritismos.** Escoger un terreno neutral, o por lo menos un lugar donde ninguna de las partes se sienta amenazada, es muy importante a la hora de solucionar conflictos de una manera satisfactoria. Se trata de que las partes se muestren abiertas y no se atrincheren en posiciones defensivas que pueden llevar a actitudes del tipo «nosotros contra ellos». Mandar tareas a las partes en conflicto para ser completadas en un momento y lugar carentes de estrés permite que reflexionen de una manera más abierta. Por supuesto es crucial que el *líder-coach* no tome partido ni parezca que favorece a una parte sobre la otra.

3. **Concéntrate en hechos y en las cuestiones principales primero.** No personalices. Atente a los hechos. Fija un resultado ideal que quieres obtener desde el principio y trata de solventar todos los impedimentos que existan para conseguir ese resultado ideal, uno por uno. Una buena técnica puede ser listar todos los diferentes factores o asuntos que han de ser tratados e intentar resolverlos de una manera estructurada. Empieza por los asuntos más generales primero para averiguar lo que tienen en común las partes en conflicto antes de negociar detalles más conflictivos.

4. **La clave está en los intereses subyacentes de las partes.** Trata de comprender por qué las partes han adoptado las posturas que han adoptado. ¿Cuáles son los intereses detrás de esas posturas? Gestionar conflictos de manera empática conlleva descubrir los intereses de cada una de las partes. Tener en cuenta los intereses de cada uno facilita que los intervinientes avancen desde actitudes defensivas y, por ende destructivas, hasta posiciones más constructivas y colaborativas. Las posturas requieren una solución, mientras que los intereses de las diferentes partes se pueden satisfacer de muchas maneras siendo creativos.

5. **¡Zánjalo!** Los conflictos pueden ser muy dañinos si no se solucionan, por lo que deben ser solventados. Su resolución puede acarrear situaciones complicadas para un equipo, departamento u organización, pero las soluciones a corto plazo o el meterlos debajo de la alfombra, solo traerá mayores y más frecuentes problemas en el futuro, alimentando un círculo vicioso de comportamientos perniciosos e indeseados.

BIBLIOGRAFÍA

Asertividad

- KENNETH W.THOMAS and RALPH H. KILMANN, *Thomas-Kilmann Conflict Mode Instrument*, Editorial TKI.

- ROBERT R. BLAKE, JANE MOUTON, *The Mánagerial Grid*, Gulf Publishing Co

Gestión de conflictos

- STEPHEN R. COVEY, *Los 7 hábitos de la gente altamente efectiva*, Booket.

- WILLIAM URY, ROBERT FISHER, BRUCE PATTO, *Obtenga el Sí. El arte de negociar sin ceder*. Gestión 2000.

- DANIEL GOLEMAN, *Inteligencia emocional*. Kairós.

- DANIEL GOLEMAN y CARY CHERNISS, *Inteligencia Emocional en el Trabajo*, Kairos.

- JOHN WHITMORE, *Coaching: El método para mejorar el rendimiento de las personas*, Paidós.

- DONNA M. GENETT, *¡Delega!*, Empresa Activa.

- JON KABAT-ZINN, *Mindfulness para principiantes*, Kairós.

AGRADECIMIENTOS

A todas las personas que han apoyado este libro en cuanto a la redacción, sentido práctico, estilo y traducción.

En particular a Paloma Ramón, Arrate Bahamonde y Mónica Rodríguez, por la corrección de esta obra, y a Sergio Palacios, por el trabajo intensivo en la traducción de la parte inglesa al español.

Muchas gracias por haber dado vuestro toque especial a esta obra. Vuestro *feedback* ha hecho que este libro se pueda convertir en una guía para todos los mánagers que quieren mejorar y avanzar hacia un estilo de liderazgo más moderno, más humano y por su puesto más efectivo, el *líder-coach*.

Ángel Martínez Marcos

Gracias a mi mujer, Lucía, quien me enseñó la importancia de hacer preguntas tanto para explorar como para definir y, sobre todo, a tomar acción a partir de las respuestas.

Christopher Metcalfe

KOLIMA
BOOKS